Sandra Schuster-Böckler / Peter Frey

BLAU
Ein Buch für Wale und Delfine

Ihrer Wertschätzung und ihrem Schutz gewidmet

D1641352

Bibliografische Information der Deutschen Nationalbibliothek:
Die Deutsche Nationalbibliothek verzeichnet diese Publikation in der
Deutschen Nationalbibliografie; detaillierte bibliografische Daten sind
im Internet über dnb.d-nb.de abrufbar.

Herstellung und Verlag: BoD – Books on Demand, Norderstedt

2. Auflage 2018

Coverbild: Florian Schuster-Böckler
                          (www.schuster-boeckler.de)
Covergestaltung: Florian Schuster-Böckler,
                          Tanja Brauweiler

Buchsatz und
Druckvorbereitung: DigiBuchService, Hannover
                          (www.digibuchservice.de)
Illustrationen: Florian Frey
Fotos: Peter Frey

(Quellenangaben zu verwendeten Fotos, Grafiken und Bildern, die nicht von den
Autoren sind, befinden sich im Kapitel »Quellenangaben«).

ISBN: 978-3-7481-9979-3

Ein Buch muss die Axt sein für das gefrorene Meer in uns.

(Franz Kafka)

Um aus dieser Kälte der Gleichgültigkeit herauszukommen, haben wir uns entschlossen, den Blick auf das Meer mit all seinem maritimen Leben zu schärfen.

Mit diesem Buch möchten wir dazu beitragen, das gefrorene Meer in uns zum Schmelzen zu bringen …

Inhalt

Vorwort

Dolphins are dying to entertain you

In the wild, dolphins are constantly on the move, traveling many miles each day. They play and swim and sleep together with their family and friends, in close-knit pods.

Captive dolphin facilities are sterile environments, which rob dolphins of their ability to travel and be with their pod. With no place to hide from the public, these environments cause enormous stress, resulting in illness and premature death.

Even when dolphins are born into captivity, they still suffer the restrictions of a live behind bars, away from the ocean where they belong.

Don´t buy a ticket to a dolphin show, dolphin swim program, aquarium or marine park.

Ric O´Barry

Delfine sterben, um euch zu bespaßen

In ihrem natürlichen Lebensraum sind Delfine ständig in Bewegung, sie schwimmen viele Meilen täglich. Sie spielen zusammen, schwimmen und ruhen gemeinsam mit ihren Familien und Freunden in eng verbundenen Gruppen.

Anlagen, in denen Delfine in Gefangenschaft gehalten werden, sind sterile Umgebungen, berauben die Delfine ihrer Möglichkeit mit ihren Gruppen unterwegs zu sein. Ihnen fehlt der Raum, sich vor der Öffentlichkeit zu verstecken, somit verursachen diese Umgebungen enormen Stress, der zu Krankheit und vorzeitigem Tod führt.

Selbst wenn Delfine in Gefangenschaft geboren werden, leiden sie immer noch unter den Einschränkungen eines Lebens hinter Gittern, weg vom Ozean, wo sie hingehören. Kaufen Sie keine Eintrittskarte für Delfinshows, Delfinschwimmprogramme, Aquarien oder Meeresparks.

Ric O´Barry

(von den Autoren ins Deutsche übersetzt)

Einleitung

Dieses Buch möchte dazu beitragen, die außergewöhnliche Welt der Meeressäuger näher zu beleuchten.

Es enthält allgemeine Informationen und einen kleinen wissenschaftlichen Anteil. Wobei hier betont sei, dass die Autoren sich nicht als Wissenschaftler betrachten. Die Inhalte des Buches sind gestützt auf persönliche Erfahrungen und sorgfältige Recherchen.

Einer der wichtigsten Ansätze in diesem Buch ist die Aufklärung über Delfine in Gefangenschaft und den immer noch anhaltenden kommerziellen Walfang. Den Autoren ist bewusst, dass einige Fotos und Berichterstattungen in diesem Zusammenhang mitunter brutal sind. Aber leider ist diese Thematik grausam und mit nichts zu beschönigen. Deshalb möchten die Autoren an dieser Stelle die Leser darauf aufmerksam machen, dass einige Kapitel in dem Buch keine leichte Kost sind.

Jeder Mensch kann dazu beitragen, Wale und Delfine zu schützen. Hierzu finden Sie im Anhang Beschreibungen und Kontaktdaten verschiedener Organisationen.

Die Fotos von Meeressäugern in Freiheit, die Sie in diesem Buch vorfinden, wurden überwiegend vor der kanarischen Insel La Gomera fotografiert. Das Vorkommen von Meeressäugern dort ist europaweit einmalig, insbesondere die Vielfalt der Arten. Weltweit gehört La Gomera zu den sogenannten Hot Spots für Whale Watching. Vor der Südwestküste La Gomeras wurden in den letzten 20 Jahren 23 verschiedene Wal- und Delfinarten gesichtet.

Auf diesem Archipel haben sich die beiden Autoren vor einigen Jahren kennengelernt und die Idee zu diesem Buchprojekt ist entstanden. Die Journalistin und Autorin Sandra Schuster-Böckler lebt seit über 15 Jahren auf La Gomera und arbeitet dort u. a. als Guide auf Ausflugsbooten (Whale Watching). Sie hat in den letzten 20 Jahren in einigen Wal- und Delfinprojekten gearbeitet und konnte so ihr Wissen über Meeressäuger stetig erweitern. Peter Frey ist Pädagoge und besucht mit seiner Frau seit 20 Jahren die Insel. Während seiner Aufenthalte ist er Dauergast auf Gomeras Whale-Watching-Booten. Die sensationellen Fotos, die er von den Meeressäugern und der Natur macht, haben mittlerweile einen hohen Bekanntheitsgrad erreicht. Das fundierte Wissen über Meeressäuger und das persönliche Engagement der Autoren in Sachen Wal- und Delfinschutz machen sie zu erfahrenen Experten.

Beide Autoren erzählen in diesem Buch, wie ihre Begeisterung für die Meeressäuger entstanden ist und sie auf den Weg gebracht hat, so viel Zeit wie nur möglich mit diesen wundervollen Tieren zu verbringen.

Sandras persönliche Delfingeschichte

In den 1970er Jahren gab es in meiner Heimatstadt etwas außerhalb einen Safaripark. Zahlreiche exotische Tiere waren dort untergebracht. Affen, Bären, Elefanten, Giraffen, Zebras, Löwen und auch Delfine. Als Kind verbrachte ich einen Großteil meiner Freizeit in diesem Park. Mein Onkel arbeitete dort als Löwenpfleger und ein enger Freund meiner Mutter als Delfintrainer. Dieser Park war damals ein riesengroßer Abenteuerspielplatz für uns Kinder. Was es dort alles zu erleben gab, war unbeschreiblich! All die wilden Tiere so hautnah erleben zu dürfen, war eines der größten Geschenke meiner Kindheit.

Außerhalb der Shows durfte ich dem Delfintrainer James bei seiner Arbeit mit den Delfinen zusehen und während der Shows hat er uns Kinder häufig in das kleine Schlauchboot gesetzt und wir waren Teil der Attraktion.

Foto: SSB   Foto: SSB

Wenn ich mir heute diese Fotos ansehe, kommen mir fast die Tränen. Diese gechlorten, unglaublich kleinen Becken mussten für die Delfine grausam gewesen sein! Für uns Kinder war es vor 40 Jahren das Paradies auf Erden und für die Tiere sehr wahrscheinlich die absolute Hölle.

11

Was ich damals noch nicht wusste, dass dieser intensive Kontakt zu den Delfinen der Grundstein meiner heutigen Arbeit sein sollte. Auch wenn ich später Germanistik studiert habe, um als Journalistin Ungleichheiten und Ungereimtheiten in der Gesellschaft zu erforschen und aufzuzeigen, haben mich die Delfine nie wirklich losgelassen. Mit 30 Jahren habe ich dem Ruf meines Herzens schließlich Gehör geschenkt und mich auf den Weg gemacht. Als Autodidakt konnte ich mir über die Jahre ein fundiertes Wissen über Meeressäuger aneignen. Ich habe meinen Rettungsschwimmer und meinen Tauchschein gemacht, alles in meiner Heimat aufgegeben und mein erstes Ziel war Florida / Key Largo. Ich war noch nie zuvor in den USA und hatte nur meinen Traum im Gepäck. Ich wollte unbedingt mit Delfinen arbeiten. Viele glückliche Zufälle haben mich zu einem Delfin-Therapiezentrum geführt, wo ich eine Art Praktikum gemacht habe. Außerdem habe ich in Key Largo eine Delfintrainerin getroffen, die damals mit James in dem Park meiner Kindheit gearbeitet hatte. Sie konnte sich noch an meine Mutter und mich erinnern und da sie mittlerweile viele Jahre in den USA lebte, hatten wir uns einiges zu erzählen…

Ich hatte das große Glück mit ihr über ihre 40 jährige Laufbahn als Delfintrainerin zu sprechen. Sie hat mir geheime, private Videoaufnahmen gezeigt, wie frei lebende Delfine auf dem Meer gejagt und gefangen wurden, um sie für Delfinarien und Shows zu domestizieren. Von ihr weiß ich auch, dass für fünf potentielle Show-Delfine mindestens 200 gefangen werden müssen. Sie hat geweint, während sie mir die Aufnahmen zeigte. Ich habe sie gefragt, warum und wie sie immer noch diesen Job machen kann. *»Weil das mein Leben ist und weil ich die Delfine nicht im Stich lassen kann«*, hatte sie traurig geantwortet. Wir haben uns bis spät in die Nacht über dieses Thema unterhalten und es war eindeutig, dass sie einerseits diesen Job verabscheute, weil es nicht richtig ist, Delfine aus ihrem natürlichen Lebensraum zu reißen, sie in einem gechlorten Becken mit totem Fisch zu füttern, um sie schließlich gefügig zu machen. Andererseits konnte sie auch nicht gehen. Ich hatte das Gefühl, dass sie absolut gefangen war in ihrer Situation. Und sie war nicht die einzige, der es so ging. Während meinem Aufenthalt in Florida habe ich mit einigen Delfintrainern gesprochen und alle haben auf eine Art bedrückt gewirkt, sobald es um ihre Jobs ging.

Ich war wochenlang täglich in dem Delfin-Therapiezentrum und habe die Trainer und Therapeuten bei der Arbeit beobachtet. Ich war auch selbst ab und zu im Wasser bei den Delfinen.

Foto: SSB

Auch auf diese Fotos bin ich nicht stolz. Dennoch waren diese Situationen wichtig für meine Erfahrungen und meinen zukünftigen Umgang mit diesem Thema.

Ich war bei Therapiestunden dabei, in denen Kinder mit speziellen Bedürfnissen mit den Delfinen im Wasser waren. Natürlich habe ich gesehen, wie gut das den Kindern tat. Wie sie im Kontakt mit den Delfinen aufgeblüht sind; aber ich habe die Delfine auch nach ihrem »Feierabend« beobachtet …

Foto: SSB

Ich kann meine Gefühle nicht genau beschreiben. Es war ein Mix aus vielen Emotionen. Ich war teilweise beunruhigt, ergriffen, traurig, gerührt, entsetzt und gleichzeitig auch dankbar für all diese Erfahrungen.

Bei einem Spaziergang in Grassy Key habe ich diesen Delfin in einer Hotelanlage (!) getroffen. Wie es dem Delfin geht, brauche ich nicht zu beschreiben, das kann man deutlich auf diesem Foto sehen …

14

Foto: SSB

Mir wurde von Tag zu Tag klarer, dass ich keinesfalls mit Delfinen arbeiten kann, die in Gefangenschaft leben! So sehr ich nichts lieber wollte, als jeden Tag mit ihnen zusammen zu sein, würde mir so eine Arbeit früher oder später das Herz brechen. Aus diesem Grund habe ich das Jobangebot von dem Delfin-Therapiezentrum abgelehnt. Mit Delfinen arbeiten, in den wunderschönen Florida Keys, das war in meiner Situation vielleicht wie ein 6er im Lotto, aber ich konnte das keinesfalls mit meinem Gewissen vereinbaren; außerdem war Florida doch ganz schön weit weg von zuhause. Ich musste mir etwas anderes überlegen. Mit freien Delfinen arbeiten und zwar in Europa. Das war der neue Plan.

So hat mich mein Weg nach La Gomera gebracht. Damals war Capitano Claudio (Herausgeber des Valle Boten) der Pionier in Sachen Whale Watching auf La Gomera. So bin ich in meiner Anfangszeit auf der Insel täglich mit einem seiner kleinen Fischerboote ausgefahren.

Endlich Delfine und Wale in Freiheit treffen!

15

Foto: SSB – Fleckendelfin vor La Gomera

Da wusste ich, dass ich die richtige Entscheidung getroffen hatte. Es folgte eine eindrucksvolle Zeit für mich. Ich fotografierte und studierte die Meeressäuger auf dem Atlantik ohne Unterlass. Damals gab es noch keine Smartphones und die Hundertschaften an Fotos entwickeln zu lassen hat mich ein kleines Vermögen gekostet.

Als großes Glück empfinde ich noch heute die Begegnung mit Melanie Megnet und Bernd Brederlau. Das war ein Wendepunkt für mich in Sachen Wale und Delfine. Die beiden hatten zu dieser Zeit ein wunderschönes Fischerboot aus Holz, die gute alte Viena. Ich durfte die beiden einige Jahre auf ihrem Boot begleiten und bin beschenkt worden mit unvergesslichen Wal- und Delfinbegegnungen.

Foto: SSB – Couvier Schnabelwal / Gomera

Foto: SSB – Pilotwale mit Kalb / Tarifa

Foto: SSB – Zwei Profis mit zwei Super-Kameras und ich mit meinem kleinen Fotoapparat

Melanie und Bernd haben großartige Forschungsarbeit geleistet. In dieser Zeit habe ich viel dazugelernt und für mich sind die beiden echte Profis, was den Atlantik und deren Bewohner vor La Gomera betrifft.

Noch heute sind wir drei auf dem Meer unterwegs. Melanie und ich arbeiten als Guide auf Whale Watching-Touren und Bernd bietet Segeltouren an.

Ich war in den letzten 20 Jahren für verschiedene Wal- und Delfinprojekte tätig. Für Whaqua habe ich auf Gomera als Reiseleiterin, spezialisiert auf Wale und Delfine, gearbeitet. Ich habe Vorträge über Meeressäuger gehalten und immer wieder als Guide auf verschiedenen Booten gearbeitet. Ich war Gründungsmitglied gemeinsam mit Melanie und Bernd für den Verein Atlantic Care, ein Projekt für den Wal- und Delfinschutz vor Gomera. Ich habe ein Volontariat bei der Stiftung Firmm absolviert, als Forschungsassistentin bei Wal- und Delfin-Beobachtungsfahrten in der Straße von Gibraltar (Tarifa/Spanien). In dieser kleinen Meerenge habe ich zum ersten Mal Orcas gesehen!

Foto: SSB

Foto: SSB

Foto: SSB – Da bin ich in Tarifa beim Briefing-Kurzvortrag für Whale Watching-Gäste

19

Meine persönliche Delfingeschichte hat in meiner Kindheit ihren An-fang genommen, und es waren natürlich unzumutbare Umstände, in denen die Delfine damals in diesem Park gehalten wurden. Möge vielleicht der Einwand kommen: *»Das war in den 1970er Jahren, man hat es damals nicht besser gewusst.«* Dies sei dahin gestellt. Aber dass es heutzutage immer noch Ozeanarien und Delfinshows gibt, ist mir unbegreiflich. Weltweit werden Große Tümmler, Orcas und Beluga-wale als Superstars in solchen Parks gehalten. Auf unserer Nachbar-insel Teneriffa gibt es den »berühmten« Loro Parque. Nicht nur, dass es dort aktuell neun Große Tümmler gibt, die einzig und alleine als Gelddruckmaschine dienen, toppt der Park diese Tierquälerei noch mit sechs Orcas! Hier eine Bestandsliste der Delfine und Orcas im Loro Parque[1] (siehe Tabelle Seite 21):

Art	Name	m/w	Herkunft	Datum	Gefangen/ Geboren in....	Mutter	Vater
Bottlenose	Paco	m	gefangen	20.02.1984	Florida Keys US	wild	wild
Bottlenose	Ruffles	w	gefangen	20.09.1986	Florida Keys US	wild	wild
Bottlenose	Pacina	w	gefangen	16.11.1986	Florida Keys US	wild	wild
Orca	Keto	m	dort geboren	16.06.1995	SeaWorld Orlando	Kalina	Kotar
Bottlenose	Ulisse	m	dort geboren	03.09.1997	Aquatic World Catt.	Candy	Bravo
Bottlenose	Luna	w	dort geboren	21.10.1997	Loro Parque	Crystal	Baron
Bottlenose	Clara	w	dort geboren	07.12.1999	Loro Parque	Pacina	Paco
Orca	Tekoa	m	dort geboren	08.11.2000	SeaWorld Orlando	Taima	Tilikum
Bottlenose	Cäsar	m	dort geboren	03.01.2001	Loro Parque	Crystal	Baron
Orca	Kohana	w	dort geboren	03.05.2002	SeaWorld San Diego	Takara	Tilikum
Bottlenose	Achille	m	dort geboren	23.08.2002	Acquario di Genova	Bonnie	Bravo
Orca	Skyla	w	dort geboren	09.02.2004	SeaWorld Orlando	Kalina	Tilikum
Orca	Adan	m	dort geboren	13.10.2010	Loro Parque	Kohana	Keto
Bottlenose	Ilse	w	dort geboren	01.11.2011	Loro Parque	Sanibel	???

Im Jahr 2002 besuchte ich den Loro Parque. Ich wollte mir ein persönliches Bild von der Situation machen. Zu dieser Zeit gab es dort noch keine Orcas. Für mich war die Show der reinste Albtraum. Als das Spektakel endlich zu Ende war, schwammen die Delfine zurück in ihr Ruhebecken. Alle Zuschauer waren bereits gegangen und ich durfte ganz alleine noch vor Ort bleiben. Ich saß am Beckenrand und starrte auf das leere Becken und dachte nach. Plötzlich tauchte ein Delfin nach dem anderen vor mir auf. Das war ein sehr spezieller Moment.

Foto: SSB

Foto: SSB

Und im Stillen gab ich ihnen ein Versprechen …

Es gibt sicher viele Wege, Delfine und Wale zu schützen. Ich habe mich dafür entschieden, so vielen Menschen wie möglich die Welt der Meeressäuger näher zu bringen. Als Guide auf einem Whale Watching-Boot kann ich dazu beitragen, die Menschen zu sensibilisieren für die Meere und deren Bewohner. Dass es immer die bessere Wahl ist, diesen Tieren in Freiheit zu begegnen anstatt in einem Freizeitpark. Dass es wichtig ist, die Umwelt zu schützen und nachhaltig mit unseren Ressourcen umzugehen.

Peters persönliche Delfingeschichte

Im Gegensatz zu Sandra hatte ich in meiner Jugend überhaupt keine Beziehung zu irgendwelchen Meeressäugern. Ich kannte Flipper aus dem Fernsehen und in einem Urlaub in Italien habe ich als Sechsjähriger wohl mal eine Delfinshow in Rimini gesehen, die mich aber damals nur wenig beeindruckt hat.

Viele Zufälle und interessante Begebenheiten haben mich heute zu einem absoluten Liebhaber von Walen und Delfinen gemacht, der sich nichts Schöneres vorstellen kann, als die Tiere in ihrem natürlichen Lebensraum beobachten zu dürfen.

Im Februar 1995 kam ich sehr spät nachts nach Hause und zappte im TV herum. Irgendwann hielt ich inne, als ein sympathischer junger Mann, vor einem rot leuchtenden Felsen sitzend, mit sehr ruhiger und sanfter Stimme von Delfinbeobachtungen und all ihren Besonderheiten sprach. Dieser rote Berg, die fesselnden Erzählungen des jungen Mannes und der Anblick der an einem kleinen Fischerboot schwimmenden Delfine setzten sich sofort in meinem Kopf fest. Da musst du hin, dachte ich so für mich. Aber wo ist das? Trotz der frühen Morgenstunde und einem nicht mehr ganz so klaren Kopf schaffte ich es irgendwie im Abspann dieser Spiegel TV Sendung das Wort La Gomera wahrzunehmen. La Gomera, was ist das, wo ist das? Am nächsten Tag bin ich direkt in ein Reisebüro, um mich zu erkundigen. La Gomera, eine kleine kanarische Insel im Atlantik, schwer erreichbar, viele Hippies, kaum Hotels… Begeisterung sah anders aus. Aber die Bilder aus der Nacht wollten mir nicht mehr aus dem Kopf gehen. Mit einer Buchung für zwei Wochen in den Sommerferien habe ich das Reisebüro verlassen. Eigentlich war der beschriebene nächtliche Hype schnell vorüber und ich bin halt im August nach Teneriffa Süd geflogen. Ich habe den Koffer vom Band geholt und meine Reiseleitung gesucht. Da stand er plötzlich vor mir, der Typ aus dem Fernsehen! Und das sollte nicht unsere letzte Begegnung gewesen sein. Er hat wohl an diesem Tag Freunde vom Flughafen abgeholt, mit denen er dann weiter nach Gomera reiste. Vom Flughafen mit einem Bus nach Los Cristianos, dann mit der Fähre nach La Gomera und wieder mit dem Bus auf abenteuerlichen Straßen ging es schließlich ins Valle Gran Rey. Dort hatte ich ein Apartment in der Anlage Tres Palmeras gebucht. Am nächsten Spätnachmittag lief ich die Küste entlang Richtung Hafen. Und da lag er vor mir, dieser traumhaft rote Fels im Hafen von Vueltas. Noch heute ist dies mein Lieblingsort auf der Insel, 28°4'54,4" Nord, 17°19'58" West.

Foto: PF – Der Hafen von Vueltas 1995

Recht schnell kam ich mit diversen Leuten ins Gespräch und erfuhr, wo man diese Whale Watching-Touren buchen konnte. Bei einem Capitano Claudio, gleich um die Ecke, sagte man mir. Am nächsten Morgen machte ich mich direkt auf zu diesem Capitano. Mit dem freundlichen, aber bestimmten Hinweis, dass der Atlantik kein Zoo sei, habe ich so eine Delfintour bei einem Tourguide namens Bernd gebucht. Im Hafen fand ich dann schnell eine kleine Gruppe die nach Whalewatchern aussah. Ganz euphorisch berichteten sie von den wunderbaren Sichtungen der letzten Tage: Tümmler, Pilotwale, Schildkröten usw. So langsam kam auch bei mir Freude auf. Wir standen an der Hafenmauer und warteten auf das kleine ehemalige Fischerboot namens Viena. Als das kleine Boot anlegte war die Überraschung groß! Da war er wieder, der Typ aus dem Fernsehen! Das sollte also unser Skipper und Tourguide sein. An diesem Tag hatte er seine kleine Tochter Camille mit an Bord. Er stellte sich als Bernd vor und erzählte mit der gleichen Begeisterung von den Ausfahrten, vom Atlantik und von den Meerestieren wie in der Nacht im Februar. Jetzt konnte ja nichts mehr schief gehen.

Foto: PF – Die Viena im Hafen von Vueltas 1995

Nach gut drei Stunden Suche kamen wir zurück in den Hafen, leider ohne Erfolg. Einige Gelbschnabelsturmtaucher konnten wir sehen, aber ansonsten blieb der Atlantik ruhig. Entsprechend bedrückt war auch die Stimmung an Bord. Bernd entschuldigte sich mit den Worten von Capitano Claudio und dass die Tiere heute vielleicht besseres zu tun hatten, als vor unserem Boot her zu schwimmen.

Na ja, dachte ich, in den letzten Tagen gab es viele Sichtungen, die Tiere scheinen da zu sein, also buchst du noch eine Fahrt. Drei Tage später sind wir dann nochmal raus aufs Meer und leider wieder nichts. Diese Nicht-Sichtungen wiederholten sich noch zweimal.

Die insgesamt vier Ausfahrten waren zwar nett, aber so langsam verlor ich den Glauben daran, dass diese Gegend tatsächlich ein Paradies für Meeressäuger sein sollte. Nach der vierten erfolglosen Fahrt war dann Schluss für mich, außer einem sehnsuchtsvollen Blick auf das weite Meer blieb mir nichts.

Foto: PF – Wo sind die Delfine?

Mit Bernd und seiner damaligen Lebensgefährtin Melanie habe ich während der Ausfahrten viele interessante Gespräche geführt und meine Lust auf Sichtungen wurde immer größer. Noch heute können die beiden mit solch einem Enthusiasmus von ihren persönlichen Begegnungen da draußen erzählen, dass der eigene Wunsch auf ähnliche Erlebnisse unweigerlich kommen muss. Mein letzter Urlaubstag nahte. Was nahm ich aus La Gomera mit? Viele herzliche Begegnungen, grandiose Landschaften, tolle Leute, alles irgendwie anders als bei meinen bisherigen Urlauben. Die Insel hatte mich in ihren Bann gezogen, das konnte ich nicht leugnen. An meinem Abreisetag fuhr ich mit der Fähre von der Hauptstadt San Sebastian wieder nach Teneriffa/Los Cristianos. Ich stand während der einstündigen Überfahrt an der Reling und hatte die Hoffnung nicht aufgegeben, doch noch eine Fluke oder Finne sehen zu dürfen. Kurz vor dem Hafen in Teneriffa, ich wollte mich gerade so langsam Richtung Ausstieg begeben, da war plötzlich etwas ziemlich direkt an der Fähre zu sehen. Tatsächlich, eine einzelne Rückenflosse lugte aus dem Wasser. Immer wieder tauchte der kleine Wal, es war vermutlich ein Pilotwal, neben dem Boot auf, irgendwie fehlte nur noch eine Sprechblase in der stand: »*Sorry, wir waren beschäftigt. Komm wieder, vielleicht haben wir dann mehr Zeit.*«

Foto: PF - Verabschiedung mit Folgen

Ich glaube, genau dieses Erlebnis war es letztendlich, das mich bis zum heutigen Tag so sehr mit diesen wunderbaren Tieren verbindet. In den darauffolgenden Jahren kam ich immer wieder zurück nach Gomera, einige Male mit meinem Sohn Florian und seit 15 Jahren bin ich zusammen mit meiner Frau Cynthia regelmäßiger Besucher der kleinen Kanareninsel. Inzwischen verbringen wir etwa zehn Wochen im Jahr auf der Insel und eine Übersiedlung in einigen Jahren ist nicht ausgeschlossen. Es ist ein Glücksfall für mich, dass meine Frau die gleiche Begeisterung wie ich für Wale und Delfine, aber auch für die Insel und die Menschen dort, entwickelt hat. Es gibt für uns nichts Schöneres als mit einem der Boote auf dem Atlantik nach den Tieren zu suchen. Am liebsten würden wir täglich hinausfahren.

Foto: PF - Nach wie vor – auf der Suche

Durch die unzähligen Ausfahrten bin ich zu einem Hobby gekommen, das mir vor den Walbeobachtungen völlig fremd war. Inzwischen liebe ich es: Fotografieren. Ich bin Hobbyfotograf und würde mir niemals anmaßen, meine Bilder mit den Hochglanzformaten von professionellen Fotografen zu vergleichen. Aber eines kann ich mit Sicherheit sagen, jedes einzelne Bild hat mich glücklich gemacht, jedes einzelne Bild erzählt mir eine kleine Geschichte. Ich bin sehr froh, dass sich die Tiere doch immer wieder Zeit für uns genommen haben und mir dadurch immer mehr ans Herz gewachsen sind. Ich möchte mich hier vor allem bei Bernd bedanken, ohne den ich wahrscheinlich bis heute nur den Flipper aus dem TV kennen würde.

Hier noch ein paar Schnappschüsse von mir, die mir sehr am Herzen liegen. Es ist etwas ganz besonderes, diese so wunderbaren Tiere in ihrer natürlichen Umgebung beobachten zu dürfen.

Foto: PF - Große Tümmler ...

Foto: PF - ... und Pilotwale vor La Gomera

Foto: PF - Deshalb ... nur in Freiheit leben ist artgerecht!   Fleckendelfin vor La Gomera

Foto: PF - Brydewal vor La Gomera

Foto: PF – Fliegende Tümmler vor La Gomera

Foto: PF – Mein Glückstreffer

Cetaceen

Wale und Delfine bilden zusammen die biologische Ordnung der Cetaceen (Waltiere), die in zwei Gruppen unterteilt ist:

Zur Gruppe der BARTENWALE (Mysticeti) gehören die meisten Großwale. Sie haben keine Zähne sondern Barten (dicht aneinander gereihte Hornplatten) mit denen sie ihre Nahrung (Plankton, Krill und kleine Fischarten) filtern.

Zur Gruppe der ZAHNWALE (Odontoceti) gehören alle Delfinarten sowie Schweinswale, Schnabelwale und Pilotwale. Sie haben Zähne und ihre Nahrung besteht aus kleineren bis größeren Fischen, Kraken und Tintenfischen. Zum Beuteschema des größten Delfins, dem Orca, gehören außerdem Pinguine, Robben, Seevögel, kleinere Haie und in manchen Fällen auch andere Cetaceen.

Bartenwale besitzen zwei Blaslöcher und Zahnwale haben ein Blasloch. Man kann große Wale oft bereits aus weiter Entfernung an ihrem Blas erkennen. Der Blas eines Pottwals ist schräg, um etwa 45 Grad nach links geneigt. Der Blas eines Blauwals kann beispielsweise eine Höhe von bis zu zwölf Metern erreichen!

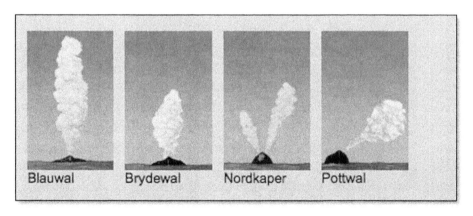

Derzeit sind 89 Wal- und Delfinarten bekannt. Es handelt sich um 14 Bartenwal- und 75 Zahnwalarten (inklusive aller Delfin-, Schnabel-wal- und Schweinswalarten). Würde man allerdings alle Unterarten und eigenständige Populationen mitzählen, würde die Zahl auf 118 steigen.[2]

Die Familie der Delphinidae (Delfinartigen) ist die vielseitigste und vielfältigste unter den Cetaceen. Sie umfasst mindestens 28 Meeres-delfinarten, fünf Flussdelfinarten und sechs Zahnwalarten.[3]

Der Blauwal ist der größte aller Cetaceen. Der Hectordelfin der kleinste. Der Orca ist der größte Delfin und der Pottwal der größte Zahnwal.

Große Wale auf großer Reise

Im Herbst geht die lange Wanderung in die tropischen Winterquartiere zur Paarung und zum Gebären los. Zahlreiche Walarten wie beispielsweise der Pottwal, der Grauwal oder der Buckelwal ziehen jedes Jahr von den nahrungsreichen Polarregionen in tropische Gewässer, um sich zu paaren und ihre Jungen zur Welt zu bringen. Einige dieser Wale legen so mitunter mehrere tausend Kilometer zurück. Sie verbringen den Winter in warmen Gewässern. Im Frühling geht die Reise wieder zurück in die nahrungsreichen arktischen Gewässer. Viele Kälber werden noch während der Rückwanderung gesäugt und nur langsam entwöhnt.

Wale und Delfine gebären nach einer Tragzeit von 10 bis 16 Monaten (je nach Art) meist nur ein einziges Junges. Zwillingsgeburten sind sehr selten. Im Gegensatz zu den meisten anderen Säugetieren werden Wal- und Delfin-kälber mit der Schwanzflosse und nicht mit dem Kopf voran geboren. Das ist deshalb so wichtig, weil die Kälber unter Wasser geboren werden und bei einer längeren Geburt sonst ersticken könnten. Die Nabelschnur wird nicht abgebissen, sondern reißt von selbst ab, wenn das Kalb frei schwimmt. Die Mutter stößt das Kalb sofort nach der Geburt vorsichtig an die Wasserober-fläche, wo es zum ersten Mal selbstständig atmet.

Wissenswertes

Wie kommunizieren Wale und Delfine miteinander?

Wale und Delfine kommunizieren auf verschiedene Arten miteinander: über Laute, Körperkontakt und -sprache. Großwale können über weite Distanzen (sogar ganze Ozeanbecken) in tiefen Frequenzen miteinander kommunizieren. Zahnwale nutzen höhere Frequenzen, was die Reichweite ihrer Kommunikation etwas einschränkt.

Delfine kommunizieren über zweierlei Laute: Pfiffe und Klicks. Die Klicks werden dazu verwendet, ihre Umgebung mittels Echolokation zu erfassen, während die Pfiffe der Kommunikation mit Artgenossen (und vermutlich auch anderen Arten) dienen. Bei einigen Arten weiß man, dass einzelnen Tieren ein einzigartiger Pfiff (signature whistle) zugeordnet ist. Dieser wird dazu verwendet, einzelne Individuen zu identifizieren.

Dr. Denise Herzing hat zu diesem Thema ein hochinteressantes Projekt initiiert. Seit 28 Jahren verbringt die Delfinforscherin jeden Sommer fünf Monate mit einer Schule Zügeldelfine vor den Bahamas und zeichnet seit drei ihrer Generationen Verwandtschaften und Verhalten auf. Es ist klar, dass sie miteinander kommunizieren – aber ist es eine Sprache? Könnten Menschen sie auch einsetzen? Ein faszinierendes Experiment, zu dem Sie mehr Infos unter der Quellenangabe finden.[4]

Wofür werden die verschiedenen Flossen verwendet?

Die Schwanzflosse oder auch Fluke genannt wird zum Antrieb im Wasser genutzt. Die Brustflossen (Flipper) dienen zur Steuerung und die Rückenflosse, die Finne (bei den Arten, die eine besitzen), sorgt für Stabilität beim Schwimmen.

Foto: PF

WIE SEHEN DELFINE UNTER WASSER?

Bis auf die Flussdelfine haben Delfine ein sehr gutes Sehvermögen, sowohl unter als auch über Wasser. Zahnwale nutzen zusätzlich Echoortung, um sich unter Wasser zurechtzufinden und zu jagen. Dies bedeutet, dass sie Schallwellen aussenden und dann die von den Objekten reflektierten Wellen entsprechend analysieren. So entsteht ein genaues Bild ihrer Umgebung.

WIE HÖREN WALE UND DELFINE?

Waltiere haben keine Ohren an der Außenseite des Kopfes. Stattdessen empfangen sie Schallwellen über ihre Kieferknochen.

KÖNNEN WALE UND DELFINE RIECHEN?

Nein – sie haben keine Riechnerven und -lappen, daher wird angenommen, dass sie keinen Geruchssinn haben. Jedoch haben sie einen ausgezeichneten Geschmackssinn und bevorzugen bestimmte Fischarten.

TRINKEN WALE UND DELFINE WASSER?

Nein – sie nehmen die Flüssigkeit mit ihrer Nahrung auf. Im Gegensatz zu Menschen oder anderen Säugetieren schwitzen Wale und Delfine nicht und müssen somit dem Körper nicht regelmäßig Wasser zuführen.

WIE SCHLAFEN WALE UND DELFINE?

Wale und Delfine schlafen nie, sie ruhen lediglich. Die Meeressäuger atmen bewusst, d.h. sie atmen nicht automatisch, sondern willkürlich. Beim Schlafen bleibt also eine Gehirnhälfte wach und sorgt für die Schwimmbewegungen sowie die Atmung.

HABEN WALE UND DELFINE HAARE?

Alle Säugetiere haben Haare und Wale und Delfine sind da keine Ausnahme. Sie haben meist noch winzige Härchen an der Spitze der Schnauze, die sie aber entweder schon vor oder kurz nach der Geburt verlieren.

WAS SIND BARTEN?

Barten bestehen aus Keratin, dem Stoff aus dem auch unsere Fingernägel und Haare sind. Ein Bartenwal hat ca. 600 Barten in seinem Oberkiefer, die bei der Nahrungsaufnahme wie ein riesiger Filter, ein gigantisches Sieb fungieren. Der Grönlandwal hat die längsten aller Barten. Sie werden bis zu 4,5 Meter lang!

WAS IST DER UNTERSCHIED ZWISCHEN CETACEEN UND FISCHEN?

- Cetaceen atmen mit Lungen über dem Wasser, Fische atmen mit Kiemen unter Wasser
- Wale und Delfine gebären lebend und säugen ihre Kälber, Fische legen Eier
- Cetaceen sind Warmblüter, Fische sind wechselwarm
- Wale und Delfine haben eine glatte Haut, Fische haben Schuppen
- Cetaceen haben eine horizontale Schwanzflosse, Fische haben eine vertikale Schwanzflosse

WUSSTEN SIE SCHON …

… dass Menschen höchstens 15 % frischen Sauerstoff einatmen, Wale und Delfine hingegen fast 90 %!

… dass Wale und Delfine sich bereits vor 60 Millionen Jahren zu entwickeln begannen? Der Mensch erst vor 320.000 Jahren!

… dass der Delfin vermutlich von einem Hund abstammt, dem sogenannten Urhund MESONYX? Dieses urzeitliche Tier sah wie ein pelziger Hund aus!

… dass die Nasenöffnung (Blasloch) erst im Laufe der Entwicklung nach oben auf den Kopf gewandert ist!

… dass Wale und Delfine zwar Säugetiere sind, aber nicht richtig säugen können! Sie verfügen nicht über bewegliche Lippen, sondern die Muttermilch wird ihnen in das Maul gespritzt!

… dass Pottwalbabys bis zu fünf Jahre lang gesäugt werden können, obwohl sie schon nach einem Jahr feste Nahrung zu sich nehmen! Bei Delfinen beträgt die Säugezeit zwischen einem und drei Jahren!

… dass man das Geschlecht der frei schwimmenden Wale schwer erkennen kann, da die Geschlechtsteile in einer Hautfalte verborgen sind, um die Turbulenzen beim Schwimmen möglichst gering zu halten!

… dass Delfine nur bis zu fünf Mal in der Minute atmen müssen! Wir Menschen atmen bis zu 15 Mal in der Minute!

… dass Wale und Delfine niemals die gefürchtete Taucherkrankheit bekommen können! Der Grund: Wale und Delfine halten beim Tauchen den Atem an und atmen nicht kontinuierlich weiter wie ein Taucher mit Pressluftflasche, und so kann sich nur wenig Stickstoff im Blut lösen!

… dass der Pottwal das größte Gehirn der Welt besitzt! Es wiegt bis zu 9,2 kg. Das Gehirn eines erwachsenen Menschen dagegen wiegt im Durchschnitt 1,4 kg!

… dass der Blauwal das bisher größte lebende Tier auf Erden ist und war, größer noch als die Dinosaurier! Der Blauwal ist das schwerste und das längste Tier, das auf der Erde lebt. Die durchschnittliche Länge ausgewachsener Blauwale beträgt 25 bis 30 Meter. Dabei wiegen die Tiere bis zu 200 Tonnen!

… dass das Herz eines Blauwals so groß ist wie ein VW Käfer!

… dass das Herz eines Blauwals bei Anstrengung nur 18 bis 20 Mal in der Minute schlägt, verglichen mit 120 Schlägen pro Minute bei uns Menschen oder 800 bis 1.200 Schlägen pro Minute bei einer Spitzmaus!

… dass ein Blauwalkalb in den ersten Tagen 120 kg pro Tag zunimmt!

… dass die Blauwalmutter ungefähr 400 Liter Milch am Tag produziert und diese mehr Fett enthält als handelsübliche Cremes!

… dass ein Blauwal bis zu einem Jahr fasten kann!

… dass die am meisten vom Aussterben bedrohten Wale der Grönlandwal und der atlantische Nordkaper sind! Aufgrund ihrer niedrigen Reproduktionsrate und durch den Walfang im 17. und 18. Jahrhundert wurden diese Bestände nahezu ausgerottet.

… dass der Grauwal die längste Wanderung aller Säugetiere unternimmt! Entlang der nordamerikanischen Küste schwimmt er von den winterlichen Fortpflanzungsgebieten in der Baja California, Mexiko, zu seinen sommerlichen Nahrungsgebieten in den Gewässern der Beringsee in der Arktis und wieder zurück. Diese Entfernung beträgt 12.000 bis 20.000 km!

… dass männliche Buckelwale die längsten und komplexesten Lieder des gesamten Tierreichs singen! Jedes Lied dauert eine Stunde oder länger und besteht aus mehreren Komponenten. Wahrscheinlich dienen die Lieder dazu, den Weibchen zu imponieren und Rivalen zu demotivieren. Die Lieder können unter Wasser Hunderte von Meilen entfernt noch gehört werden!

… dass die geöffneten Augen der Cetaceen unter Wasser durch fettige Tränen vor dem Salz geschützt werden!

Jagd auf Wale und Delfine

Delfine sind geistig hochentwickelte Wesen, die mit dem Menschen in uralter Freundschaft verbunden sind. Schon in der antiken griechischen und römischen Mythologie wurde von intensiven Freundschaften zwischen Mensch und Delfin berichtet.

Eros, der Gott der Liebe, war einer der bekanntesten mythischen Delfinreiter. Überlieferungen aus dem Jahre 600 v. Chr. berichten über einen ausgeprägten Delfinkult. Die Legende von Arion, einst ein begnadeter Sänger und Dichter, besagt, dass der Künstler bei einer Schiffsreise ins offene Meer stürzte. Ein Delfin trug Arion auf seinem Rücken wohlbehalten zurück an Land.

Delfine galten früher als heilig; einige Aborigines-Stämme, sowie polynesische und indianische Völker sahen in ihnen gute Geister und göttliche Boten.

Im antiken Griechenland waren Delfine so geschätzt, dass die Tötung eines Delfins genauso bestraft wurde wie der Mord an einem Menschen!

Ein interessantes Urteil hat im Jahre 2013 Indien gefällt. Dort werden Delfine offiziell als nicht-menschliche Personen anerkannt, deren Rechte auf Leben und Freiheit respektiert werden müssen.[5]

Immer sind es positive Eigenschaften, die Delfinen zugeschrieben werden: Schönheit, Anmut, Lebensfreude, Harmonie, Intelligenz, Loyalität und Verspieltheit.

Keine andere wildlebende Tierart verhält sich so neugierig, vertrauensvoll und freundlich gegenüber dem Menschen. Viele Menschen allerdings verhalten sich nicht annähernd so freundlich diesen Meeressäugern gegenüber. Abgesehen von der Überfischung und der rücksichtslosen Verschmutzung der Meere werden durch illegalen Delfinfang und kommerziellen Walfang immer mehr und mehr die Spezies dieser gütigen Geschöpfe ausgerottet. Es gibt Großwale, die den grausamen Walfang des frühen 20. Jahrhunderts überlebt haben. Ein paar von ihnen kreuzen also noch heute die Weltmeere. Es ist für uns immer ein großes Wunder, wenn ein solch' alter Riese ganz friedlich direkt neben unserem Boot vorbei schwimmt oder sogar eine Weile bei uns bleibt. In solchen Momenten fragen wir uns, ob das einer von denen sein könnte, der einer Walfangflotte entkommen ist und ob er sich wohl noch daran erinnern kann, wie seine Artgenossen umgekommen sind? Wenn auch Wale so ein Erinnerungsvermögen wie Elefanten haben, ist es erstaunlich, wie friedlich sie uns Menschen nach wie vor begegnen. Pottwale beispielsweise, einst als grausames, alles verschlingendes Ungeheuer Moby Dick bekannt, vor dem sich früher alle Menschen auf See fürchteten… Heute gibt es zahlreiche, wundervolle Berichte von Tauchern und Forschern, die mit Pottwalen in freier Natur friedlich schnorcheln.

Wie bereits in der Einleitung dieses Buches erwähnt, liegt es uns am Herzen über Delfine in Gefangenschaft und den anhaltenden kommerziellen Walfang aufzuklären.

In diesem Zusammenhang muss man den Namen Ric O'Barry nennen. Viele erinnern sich sicher noch an die populäre Fernsehserie Flipper aus den 1970/80er Jahren. Für die TV-Serie wurden insgesamt fünf weibliche Große Tümmler in Dienst genommen. Flipper wurde ein weltweiter Erfolg. Die Serie verkaufte sich von Amerika nach Asien, von Europa bis nach Südafrika und Australien. Überall ließ sie Kinder und Erwachsene davon träumen, selbst einmal Freund eines Delfins zu sein.

In den 1960er Jahren begann Rics Karriere als Delfintrainer für diese Fernsehserie. Als er in den 1970er Jahren diese Tätigkeit beendete, wurden die damals noch lebenden Hauptdarsteller der Erfolgsserie an Delfinarien und Zirkusse verkauft. Der Tod einer dieser Delfine in einem europäischen Zirkus und der Freitod eines anderen Delfins, der in seinen Armen starb, waren für ihn derart traumatisierend, dass Ric von einem auf den anderen Tag vom Delfintrainer zum Delfinretter wurde. Sein Leben veränderte sich radikal. Es gab viel zu tun. Der Erfolg der damaligen TV-Serie war der Auslöser einer gigantisch wachsenden Delfinindustrie. Vor den Dreharbeiten zu der Kultserie gab es weltweit drei Delfinarien - Heute sind es etwa 356 Delfinarien und Delfinshows verteilt auf 60 Länder.[6, 7]

Ric gründete in den 1970er Jahren das Dolphin Project beim Earth Island Institute. Das Projekt sollte die Öffentlichkeit über Delfine in Gefangenschaft aufklären und nach Möglichkeit so viele Delfine wie möglich aus ihren Gefängnissen, den Delfinarien, befreien. Bis heute ist Ric O'Barry Aktivist und Vorbild für viele Delfin- und Walschützer weltweit. Zahlreiche Geld- und Haftstrafen konnten ihn bis heute nicht davon abhalten seiner Mission zu folgen.

Es gibt unzählige Schandtaten, die zum Aussterben der Meeressäuger führen. Wir möchten hier nur auf einige Grausamkeiten näher eingehen. Auch wenn es uns sehr schwer fällt, versuchen wir möglichst neutral darüber zu berichten.

Die Geschichte des Walfangs

Die ersten Aufzeichnungen der Waljagd in größerem Stil stammen aus dem 11. Jahrhundert. Walfang ist die Jagd auf Wale durch Menschen, meist von Schiffen aus. In den Anfangszeiten war dabei vor allem die Gewinnung von Tran das Ziel, der als Brennstoff und industrieller Grundstoff diente. Die Nutzung von Walfleisch als Nahrungsmittel ist erst seit dem späten 20. Jahrhundert von nennenswerter Bedeutung. Durch den industriellen Walfang schrumpften die Walbestände dramatisch. Viele Walarten gelten inzwischen offiziell als vom Aussterben bedroht.

Der japanische Walfänger Yushin Maru jagt Wale mit einer Harpune

Seit 1946 gibt es ein internationales Übereinkommen zur Regelung des Walfangs. Es werden unter anderem Fangquoten, Jagdmethoden und Schutzgebiete festgelegt. Überwacht wird dies von der Internationalen Walfangkommission IWC. Die Seychellen beispielsweise machten 1982 den Vorschlag, die kommerzielle Waljagd auf Großwale einzustellen. Das Moratorium trat 1986 in Kraft. Diese Übereinkunft sollte zunächst nur bis 1990 gelten, wurde aber erfreulicherweise verlängert und gilt noch heute. Allerdings bedeutet das Moratorium kein generelles Verbot des Walfangs. In drei Fällen ist Walfang heute noch erlaubt.

- Walfang durch indigene Bevölkerung, also zum eigenen Verbrauch.
- Walfang zu wissenschaftlichen Zwecken.
- Walfang für Staaten, die gegen das Moratorium Einspruch erhoben haben. Diese waren damals Japan, Norwegen, Peru und die UdSSR.

1987 stellte die UdSSR schließlich offiziell die Waljagd ein. Japan nahm den Einspruch zurück und jagt seither zu »wissenschaftlichen« Zwecken weiter. 2003 begann Island mit dem »wissenschaftlichen Walfang«, Norwegen und Japan erhöhen ihre Fangquoten bis heute kontinuierlich und jagen selbst bedrohte Walarten. In Peru ist der Walfang inzwischen ebenfalls offiziell verboten. In der internationalen Walfangkommission IWC sitzen derzeit 89 Mitgliedstaaten. Die IWC kann Resolutionen verabschieden, die allerdings nur Empfehlungscharakter haben. Leider halten sich die Walfangnationen Japan, Island und Norwegen keineswegs an diese Empfehlungen und jagen weiterhin Großwale mit ihren todbringenden Harpunen unter dem Deckmantel »wissenschaftlicher Interessen«. Davon betroffen sind hauptsächlich Blauwale, Finnwale, Pottwale, Buckelwale, Südkaper, Nordkaper, Sei- und Grönlandwale.

Der japanische Walfänger Nisshin Maru zieht getötete Minkwale an Bord

Es gibt zahlreiche Organisationen, die sich seit vielen Jahrzehnten für den Schutz von Meeressäugern einsetzen. Wir möchten an dieser Stelle von einer dieser Organisationen berichten:

Im Dezember 2002 machte sich die Organisation Sea Shepherd, gegründet 1977 vom ehemaligen Gründungsmitglied von Greenpeace, Paul Watson, erstmals auf, um die japanische Walfangflotte in antarktischen Gewässern zur Strecke zu bringen. Das Ziel war die Umsetzung des globalen Moratoriums gegen den kommerziellen Walfang und die Gewährleistung für die Einhaltung der Schutzgesetze für Wale im offiziellen antarktischen Schutzgebiet. Im Dezember 2005 startet Sea Shepherd eine zweite Expedition in die Antarktis, um gegen den illegalen japanischen Walfang vorzugehen. Bis 2017 fanden insgesamt elf Expeditionen statt, in denen sich die Aktivisten von Sea

Shepherd erfolgreich gegen den Walfang einsetzten. Die neunte Antarktis-Kampagne der Sea Shepherds aus den Jahren 2012/2013 hieß »Zero Tolerance« (Null Toleranz). Die Operation »Zero Tolerance« war die bislang erfolgreichste Kampagne, die mehr als 930 Walen das Leben rettete. Es war auch die bislang größte Aktion mit über 120 Crewmitgliedern aus 20 Ländern verteilt auf vier Schiffen. Unter dem Einsatz ihres eigenen Lebens versuchten die Besatzungsmitglieder der Sea Shepherds unermüdlich die japanische Walfangflotte daran zu hindern, weiter Wale zu töten. Auf friedliche und gewaltfreie Art schafften die Aktivisten es immer wieder, die Arbeit der Walfänger zu erschweren.

Die Operation »Relentless« (Unermüdlich) aus den Jahren 2013/2014 war Sea Shepherds zehnte Kampagne gegen die Wilderei der japanischen Flotte im antarktischen Walschutzgebiet. Während dieser zehn Operationen wurde über 4.500 Walen das Leben gerettet!

Paul Watson im Einsatz für Wale

2002:	Verteidigung der Wale in der Antarktis I und II spätere Bemühungen bauten auf diese Kampagnen auf. (unbekannte Anzahl geretteter Wale)
2005:	Wie 2002
2006/2007:	Operation Leviathan – 500 Wale gerettet
2007/2008:	Operation Migaloo – 500 Wale gerettet
2008/2009:	Operation Musashi – 305 Wale gerettet
2009/2010:	Operation Waltzing Matilda – 528 Wale gerettet
2010/2011:	Operation No Compromise – 863 Wale gerettet
2011/2012:	Operation Divine Wind – 768 Wale gerettet
2012/2013:	Operation Zero Tolerance - 932 Wale gerettet
2013/2014:	Operation Relentless
2016/2017:	Operation Nemesis

Aufgrund von Sea Shepherds kontinuierlichen Interventionen haben die japanischen Walfänger seit Jahren herbe Verluste erlitten und sind bei der japanischen Regierung mit über 200 Millionen US-Dollar verschuldet. *»Wir nähern uns immer weiter unserem Ziel, die japanische Walfangflotte zu versenken – in wirtschaftlicher Hinsicht«* (O-Ton Paul Watson im Jahr 2015).

Diese »Hirten der Meere« haben unter schwierigsten Bedingungen jahrzehntelang eine großartige Arbeit geleistet und konnten zahlreichen Meeressäugern das Leben retten. Jedoch erreichte die internationale Gemeinschaft der Wal- und Delfinschützer im August 2017 eine traurige Nachricht: Sea Shepherd gab offiziell bekannt, den Widerstand gegen japanische Walfänger aufzugeben. Der Kampf ist zu ungleich geworden. Japan wehrt sich mittlerweile mit militärischen Mitteln, um Aktionen der Umweltschützer zu verhindern. Gegen den Einsatz von Satelliten hat die Organisation keine Chance mehr. Die japanische Regierung schützt mit diesen Maßnahmen ihre Walfänger, um die Schiffe der Umweltschützer frühzeitig zu entdecken und zu meiden. Watson wirft der japanischen Regierung vor, Schiffe der Marine zu entsenden, um Aktionen der Sea Shepherds zu verhindern. Damit unterstützt die japanische Regierung ganz klar die illegalen Machenschaften ihrer Walfänger, die jährlich weit mehr als die zu wissenschaftlichen Zwecken erlaubten Meeressäuger töten.[8]

»Die streitbare Meeresschutzorganisation »Sea Shepherd« wird in diesem Jahr nicht wie gewohnt zu Störaktionen gegen japanische Walfänger auslaufen. Der Grund: Man könne nicht mit Japans militärischer Technologie mithalten, so der Vorsitzende der Organisation, Paul Watson.«
Euronews 29.8.2017

Delfin- und Walfang in Taiji, Japan

Heutzutage wird es den Betreibern von Delfinarien immer leichter gemacht, ihre Hauptdarsteller zu finden. Seit einigen Jahren gibt es einen offiziellen Delfinmarkt. Das beschauliche Fischerdorf Taiji im Süden Japans mutiert alljährlich von September bis März zu einem der grausamsten Schauplätze weltweit. In einer nicht einsehbaren, abgeschotteten Meeresbucht, die zusätzlich von Sicherheitspersonal bewacht wird.

In den letzten zehn Jahren wurden nach Informationen von Elsa Nature Conservancy and Ceta Base über 200.000 frei lebende Delfine in Japan abgeschlachtet. Die Fangquoten für das Jahr 2017/2018 liegen bei über 14.500 Tieren für ganz Japan. Diese wurden jedoch schon sehr früh überschritten.[9]

© Oceanic Preservation Society

Die Prozedur vor Ort ist immer gleich: Zuerst wählen Tiertrainer und Händler in einer nicht einsehbaren Bucht die besten Exemplare für ihre Delfinarien aus. Die jüngsten, kräftigsten und schönsten Tümmler entgehen dem grausamen Tod, um nach Kaufabschluss in einem fürchterlichen Gefängnis zu landen. Bis zu 150.000 Euro zahlen Delfinarien oder Vergnügungsparks für einen Delfin. Die Delfine, die es nicht in die engere Auswahl geschafft haben, werden mit Speeren, Haken und Messern in einer Nachbarbucht getötet. Die getöteten Tiere werden anschließend innerhalb von Japan als Walfleisch zum Verzehr verarbeitet und verkauft.

Taiji wirbt damit, der Herkunftsort des japanischen traditionellen Walfangs zu sein. Diese Tradition hat eine lange Geschichte und geht bis auf das Jahr 1606 zurück. 1986 wurde der kommerzielle Walfang allerdings offiziell verboten. Da durch das Verbot die Nachfrage nach Walfleisch stark zurückging, wurde der Fokus der Walindustrie neu ausgerichtet. Die Ära des Waltourismus hat weltweit seinen Anfang gefunden.

Die Delfinindustrie hingegen ist ohnehin stetig angewachsen und der Bedarf nach Protagonisten für Delfinshows ist nach wie vor groß. So werden insbesondere in Taiji jedes Jahr Delfine (überwiegend Große Tümmler) bejagt. Teilweise für den menschlichen Verzehr und teilweise für Zoos, Hotelanlagen und Delfinarien.

Die grausame Abschlachtungsorgie in Taiji verläuft jedes Jahr gleich:

In einer fürchterlichen Treibjagd werden ganze Delfinschulen in die Bucht getrieben. Fischer in Neoprenanzügen steigen ins Wasser um die Tiere auszusortieren. Sie binden Seile um die Schwanzfluken der Delfine und die kleinen Boote ziehen die völlig wehrlosen Tiere ans Ufer. Dort warten weitere Männer mit Messern und Haken, die die »unbrauchbaren« Tiere auf grausamste Art und Weise töten. Sie stechen die Tiere ab, prügeln auf sie ein, treiben Bohrhaken in ihre Atemlöcher und manche Tiere werden, um noch mehr blutige Bilder in der Öffentlichkeit zu vermeiden, auf grausame Art und Weise ertränkt!

Überlebende Delfine werden in einer Trainingsbasis zu Showdelfinen ausgebildet und für sehr viel Geld an Delfinarien und Zoos in der ganzen Welt verkauft.

Die Todesbucht von Taiji

Abgesperrt, hinter verschlossenen Türen

Eine Delfinschule wird zusammengetrieben

... und in eine Bucht gejagt.

Einzelne Delfine werden zum Verkauf ausgesucht.

Die anderen Tiere werden brutal getötet ...

Das geschieht unter einem Sichtschutz

Ausbildung in der Trainingsbasis ...

... danach in Delfinshows ...

... in winzigen Becken vorgeführt

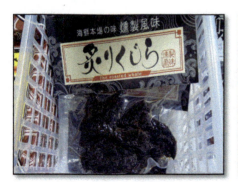

Das quecksilberverseuchte Fleisch wird in
Supermärkten verkauft

Deshalb ... Nur in Freiheit leben ist
artgerecht

Auch hier in Taiji taucht der Name Ric O'Barry immer wieder auf:

2009 sorgte seine oscarprämierte Dokumentation »Die Bucht/The Cove« über die grausamen Delfintötungen und den Zusammenhängen mit der Delfinarienindustrie weltweit für Schlagzeilen. Die Hoffnungen vieler Tierschützer, dass sich dadurch endlich etwas in Japan verändern könnte, erfüllten sich bis heute nicht.

Ric O'Barry konfrontiert die Japaner mit ihren Schandtaten in der Bucht von Taiji

Die Delfin-Treibjagden werden weiterhin Jahr für Jahr von September bis März fortgesetzt. Die japanische und die weltweite Delfinarienindustrie benötigen regelmäßig neue Delfine, um sie für kommerzielle Shows, Hotelanlagen, Schwimmprogramme und die fragwürdigen Delfin-Therapien zu missbrauchen.[10]

2017/18 DOLPHIN PROJECT **2178**
DRIVE FISHERIES QUOTA TOTAL
TAIJI, JAPAN

DOLPHINPROJECT.COM

450 Striped Dolphins

414 Bottlenose Dolphins (Pacific)

400 Pantropical Spotted Dolphins

251 Risso's Dolphins

134 Pacific White-sided Dolphins

132 Short-finned Pilot Whales

070 False Killer Whales

027 Rough-Toothed Dolphins *New

300 Melon-Headed Whales *New

Taijis Tötungsquoten der Saison 2017 / 2018 (Stand März 2018)

Das Grindadráp auf den Färöer-Inseln

Unter dem Grindadráp versteht man den Grindwalfang auf den Fä-
röer-Inseln. Die Färöer sind eine autonome, zur dänischen Krone ge-
hörende Inselgruppe im Nordatlantik zwischen den Britischen Inseln,
Norwegen und Island. Seit Mitte des 16. Jahrhunderts (1584) gibt es
Aufzeichnungen über den Grindwalfang auf den Färöern. Aus dieser
Zeit stammt auch der traditionelle Ursprung des dortigen Walfangs.

Der Grindwal war über Jahrhunderte hinweg eine wichtige Nahrungsquelle. Das Fleisch und der Speck des Grindwals wurden an die färöischen Haushalte verteilt. Dort wurde es aufbewahrt, zubereitet und gegessen. Der kommerzielle Verkauf und Export des Fleisches war traditionell nie vorgesehen. Im Laufe der Jahrhunderte nahm der Walfang immer größere Dimensionen an. Dieses fürchterliche Abschlachten der Tiere dauert bis zum heutigen Tag an und ein Ende ist nicht absehbar. Da die Färöer-Inseln kein Mitglied der Europäischen Union sind, gelten für sie auch nicht die europäischen Gesetze, die die Waljagd verbieten.

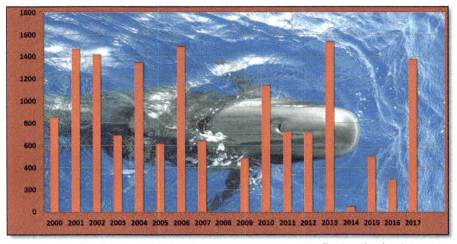

Tötungsquote der Färöer von 2000 – 2017   Quelle: Sea Shepherd; Foto: PF

Die Fangmethoden der Färöer sind grausam. Ganze Delfinschulen (der Grindwal gehört zur Familie der Delfine) werden durch Motorboote im offenen Meer eingekesselt und zur Küste getrieben, wo sie von einer Horde Schlachter erwartet werden. Im niedrigen Wasser werden die Tiere erbarmungslos niedergemetzelt, bis sich das Wasser tiefrot färbt. Sobald die Tiere stranden, werden ihnen stumpfe Metallhaken in die Atemlöcher gebohrt, um sie an den Strand zu ziehen, wo sie mit einem Messer oder einer spitzen Lanze getötet werden. So ein Grindadráp wird immer mehr zu einem Volksfest, an dem auch viele Frauen und Kinder teilnehmen. Immer wieder sieht man Bilder, auf denen Kinder hemmungslos auf den toten Tieren herumspringen.

Getötete Grindwale auf den Färöer-Inseln   Foto: Sea Shepherd UK

Am 26. November 2008 wurde seitens der färöischen Gesundheitsbehörde erstmals davon abgeraten, Grindwalfleisch zu essen, da es aufgrund der hohen Konzentration an Giftstoffen nicht für den menschlichen Verzehr geeignet sei. In der Muskulatur und der Leber der Tiere sowie in den Nieren reichern sich Schwermetalle wie Quecksilber, Blei oder Cadmium an. In der Speckschicht, dem sogenannten Blubber, kommt es vor allem zu Einlagerungen von fettlöslichen Umweltgiften wie PCB (polychlorierte Diphenyle, Polychlorbiphenyl und Chlordiphenyl) und DDT (Dichlordiphenyltrichlorethan, ein Insektizid, das seit Anfang der 1940er-Jahre als Kontakt- und Fraßgift eingesetzt wird). Das sind giftige und krebsauslösende organische Chlorverbindungen.

Neuere Studien haben eine Verbindung zwischen dem Auftreten von Parkinson, Arteriosklerose und Typ II Diabetes bei erwachsenen Färöern und dem Verzehr von Grindwalfleisch aufgedeckt. Auch sollen werdende Mütter auf den Verzehr von Walfleisch verzichten. Gefahren für Kinder sind unter anderem Autismus, Asperger Syndrom oder Hyperaktivitätsstörungen.[11]

Getötete Pilotwale ...   ... an der Küste der Färöer-Inseln

Aufgrund dieser Studien ist bei den Verbrauchern die Nachfrage für Walfleisch stark gesunken und viele Walfänger finden keine Abnehmer mehr für das Fleisch. Infolgedessen werden jedes Jahr gigantische Mengen an Walfleisch tiefgefroren und in Lagerhallen verstaut oder als Futtermittel verkauft. In Hotels, Restaurants und auf Märkten der Färöer-Inseln wird das kontaminierte Walfleisch trotzdem immer wieder verkauft, ohne dass es gekennzeichnet ist.[12]

Von den Grindwalen wird nur das Fleisch und der Speck genutzt – die Reste der Kadaver werden vor der Küste im Meer versenkt.

Jürgen Ortmüller, Geschäftsführer beim WDSF (Wal- und Delfinschutz-Forum) schrieb uns dazu folgendes:

»Ein Färöer Fischer hatte uns bei unseren Recherchen auf den Färöer-Inseln berichtet, dass die mit Umweltgiften wie Methyl-Quecksilber und PCBs

kontaminierten Innereien der getöteten Meeressäuger nur etwa 200 Meter
vor den Küsten in Fjordbereichen mit rund 40 Meter Tiefe, auch in unmit-
telbarer Nähe von Aquakulturen mit Lachsbeständen, entsorgt würden. Es
dauert ungefähr ein bis zwei Jahre, bis sich alle Innereien zersetzen und sich
die Fleischrückstände der geschlachteten Grindwale von den Knochen lö-
sen.«

Andreas Morlok (ProWal) protestiert gegen die Walmassaker
auf den Färöer-Inseln

Ein kleines Rechenbeispiel zum »Verbrauch« des Walfleischs:
Im Dorf Hvannasund, welches noch nicht einmal 300 Einwohner
zählt, wurden 2017 bei vier Jagden 371 Grindwale ermordet. Dabei
gewannen die Einwohner 105.450 kg Fleisch und 94.350 kg Speck,
insgesamt also 199.800 kg Nahrung. Die Jagdsaison war aber zu diesem Zeitpunkt noch nicht vorbei.[13] [14]

Nun fragen wir uns natürlich, was sollen 300 Einwohner mit knapp
200.000 kg Fleisch anfangen? Das wären etwa 660 kg Fleisch pro Person!

Welches Fazit kann ein gesunder Menschenverstand daraus schließen?

Es kann keinen vernünftigen Grund für das grausame Abschlachten von Walen im 21. Jahrhundert geben!

Obwohl zahlreiche Organisationen wie Sea Shepherd, Ric O'Barrys Dolphin Project, GRD (Gesellschaft zur Rettung der Delfine), WDSF (Wal- und Delfinschutz-Forum), ProWal, WDC (Whale and Dolphin Conservation), Save the Ocean und das Gremium IWC unaufhörlich auf diese Missstände hinweisen, geht dieses sinnlose Töten unter dem undurchsichtigen (!) Deckmantel der Traditionen immer weiter …

Der traditionelle Grindadráp wird zum Volksfest

Delfine in Gefangenschaft

Wie einfach es heute ist, Delfine für Delfinarien, Zoos, Hotelanlagen, Schwimmprogramme und Delfintherapiezentren zu bekommen, haben wir bereits im Kapitel über die Delfinjagden in Taiji beschrieben. Viele Delfinarienbetreiber besorgen sich »ihre« Delfine einfach direkt beim Hauptlieferanten in Taiji oder sie verkaufen sich untereinander von Delfinarium zu Delfinarium gegenseitig Tiere. (In Sandras persönlicher Delfingeschichte gibt es eine Bestandsliste der Meeressäuger vom Loro Parque, dort z.B. kann man sehen, woher dieser Park seine Delfine »bezieht«). Fast jedes größere Delfinarium betreibt außerdem eine eigene Nachzucht.

WIE GEHT ES DELFINEN IN GEFANGENSCHAFT?

Hier sieht man, wie ein Delfin in einem deutschen Zoo mit Pillen gefüttert wird.

Es ist kein Geheimnis, dass Delfine in Gefangenschaft mit etlichen Vitaminpräparaten, Psychopharmaka, Hormonen und Magensonden funktionstüchtig gehalten werden.
Natürlich gibt es auch zahlreiche Berichte und Studien (die aus der Delfinarienindustrie kommen), die belegen wollen, dass es Delfinen in Gefangenschaft gut geht respektive sogar angeblich besser als in Freiheit.

Bei jedem Streitthema in der Menschheitsgeschichte gibt es immer zwei Seiten und jede Seite hat ihre eigenen Argumente und Beweise, um ihren Standpunkt zu verteidigen und zu rechtfertigen. Das liegt in der Natur der Sache.

Wir möchten mit diesem Buch die Menschen einladen, sich ihr eigenes Bild zu machen und sich ihre eigene Meinung zu bilden.

Unsere Meinung ist jedoch unumstößlich: Es ist absolut irrelevant, wie »gut« oder »schlecht« Meeressäuger in Gefangenschaft gehalten werden - dass diese lebenslängliche Haft nicht artgerecht ist und in den meisten Fällen ein grauenvolles Leid für die Tiere bedeutet, entbehrt jeglicher Diskussion.

Delfinarien

Es ist erschreckend. Auf der einen Seite ist die Anzahl der Delfinarien in Europa teilweise massiv zurückgegangen und in anderen Teilen der Erde steigt die Zahl massiv an. Spitzenreiter ist hier Japan mit 56 Delfinarien, gefolgt von China, Russland, Mexiko, den Vereinigten Staaten und Asien. In Europa führt Spanien mit 11 Delfinarien! Es gibt 12 EU-Staaten, die kein einziges Delfinarium haben, die wir hier gerne lobend erwähnen möchten: Slowakei, Lettland, Irland, Österreich, Estland, Tschechische Republik, Zypern, Großbritannien, Ungarn, Polen, Luxemburg und Slowenien.[15]

Wir hoffen, das bleibt auch so!

Wenn Sie als Besucher in ein Delfinarium bzw. in eine Delfinshow gehen, sollten Sie eines wissen: Für fünf potenzielle »Show«-Delfine, die nicht aus der eigenen Zucht kommen, müssen normalerweise circa 200 Tiere im offenen Meer gefangen werden. Grund dafür ist, dass schon alleine bei dem Transport die meisten von ihnen qualvoll den Tod finden, wenn sie nicht schon beim Fang getötet wurden. Andere, die den Transport überleben, begehen mitunter Selbstmord in ihrem neuen »Zuhause«. Sie rammen entweder mit dem Kopf gegen die Betonwand vom Becken oder verweigern schlichtweg die Nahrung; manche würgen aber auch den gefütterten Fisch solange wieder raus, bis im Magen eine giftige Säure entsteht, an der sie dann verenden. Die häufigste Methode ist allerdings, dass sie sich einfach auf den Beckenboden sinken lassen und zum Atmen nicht mehr nach oben kommen.

Ein paar wenige Delfinforscher behaupten sogar, es sei möglich, dass Delfine schlichtweg an gebrochenem Herzen sterben. Das wäre nicht verwunderlich. Skrupellos werden sie ihrem wahren Zuhause, dem Meer, entrissen, von ihren Familien und ihrer Gruppe (Schule) getrennt. Kälber werden von ihren Müttern isoliert. Erschöpft und verwirrt, dem Menschen völlig ausgeliefert, werden sie schließlich nach einer wahnsinnigen Tortur in ein gechlortes Becken gesperrt und die fremdartige Domestizierung nimmt ihren Lauf …

Delfine können in freier Wildbahn bis zu 150 km täglich zurücklegen, wir kennen kein Delfinarium, in dem das möglich wäre.

Das Sonarsystem der Delfine wirkt sich in Gefangenschaft fatal für sie aus. Durch die häufig nah beieinander liegenden Beckenwände kommt jedes ausgesandte Signal sofort zurück und das kann enormen Stress und vielleicht auch Verzweiflung auslösen. Man kann sich das so vorstellen, als würde man sich als Mensch in einem Spiegelkabinett befinden.

Delfine sind hochintelligente Wesen mit Ich-Bewusstsein (lesen Sie dazu den bekannten Spiegeltest im Kapitel »Kuriositäten«), Persönlichkeit und Einfühlungsvermögen, die in hoch komplexen sozialen Verbänden (Schulen) leben. Sie benutzen Werkzeuge beim Jagen, geben sich individuelle Namen, trauern um ihre Toten, können Verhaltensweisen, sogar artenübergreifend, z.B. auch von Menschen, nachahmen und an ihre Nachfahren weitergeben, zeigen also Ansätze zur Entwicklung von Kultur. Dies alles belegen zahlreiche Studien von renommierten Forschern.[16]

In einem Delfinarium sollen sie den Menschen ein Lächeln aufs Gesicht zaubern und vor allen Dingen die Betreiber reich machen. Sandra hörte bei ihrem Aufenthalt in Florida dazu diesen Satz von einer Delfintrainerin: »*If you like to become a millionaire, buy one Dolphin!*« *(Wenn Du Millionär werden willst, kauf' Dir einen Delfin)*. Fast alle Delfine in Gefangenschaft leiden an extremen Mangelerscheinungen und werden mit etlichen medizinischen Präparaten »funktionstüchtig« gehalten. Nehmen wir nur als eines von viel zu vielen Beispielen den Orca Keiko († Dez. 2003), bekannt als Free Willy. Seine Rückenflosse war geknickt und nicht aufrecht stehend, wie das bei wilden Orcas der Fall ist. Eine geknickte Rückenflosse steht für Mangelerscheinungen und tiefe seelische und psychische Störungen. Derzeit (Stand Mai 2017) werden weltweit mindestens 61 Orcas in 14 Delfinarien in acht verschiedenen Ländern in Gefangenschaft gehalten. 28 von ihnen wurden in freier Wildbahn gefangen, 33 in Gefangenschaft geboren.[17]

Orca-Show im Loro Park / Teneriffa

Aus persönlichen Berichten von Delfintrainern hat Sandra erfahren, wenn Delfine (damit sind auch Orcas gemeint) eine einstudierte Nummer nicht richtig ausführen oder gar das Training verweigern, kommt es nicht selten vor, dass sie ein bis zwei Tage kein Futter bekommen, bis sie wieder »willig« sind. Es gibt Delfintrainer, die arbeiten nur von einer Plattform aus, hoch über dem Becken, weil sie Angst vor einem Angriff haben müssen! Mittlerweile gibt es über 100 dokumentierte Zwischenfälle mit Orcas und deren Trainern. Drei Menschen sind bereits durch einen »Unfall« mit Orcas in Gefangenschaft gestorben. Natürlich gibt es auch sehr engagierte Delfintrainer, die ein inniges und ausgesprochen vertrauensvolles Verhältnis zu »ihren« Delfinen haben. Sandra hat einige kennen gelernt und wir sind froh, dass es sie gibt. Solange Delfine in Gefangenschaft leben, brauchen sie vor allen Dingen liebevolle und faire Betreuer. Aber dennoch sind wir davon überzeugt, um einem Delfin wirklich zu begegnen und mit ihm in Kontakt zu kommen, ist es notwendig, sich als GLEICHWERTIGE Partner zu begegnen: Gleichwertig im Sinne von FREIWILLIG und in FREIHEIT!

In Deutschland gibt es glücklicherweise »nur« noch zwei Delfinarien. Es waren einmal 14! Heute bieten noch der Zoo Duisburg und der Tiergarten Nürnberg Delfinshows an. Alle anderen Betreiber von Delfinarien, wie die aus Berlin, Hamburg, Gelsenkirchen, Münster, Rust, Landau, Groß-Gerau, Haßloch, Neunkirchen, Sierksdorf und Soltau haben wohl im Laufe der Jahre eingesehen, dass kein Tier unter solchen Umständen leben darf.

Delfinshow im Zoo Duisburg

Delfinshow im Zoo Duisburg

Folgendes sollte man über die beiden Delfinarien in Deutschland wissen:

1. In beiden Zoos gibt es täglich bis zu fünf Delfinshows und bis zu 1.200 Besucher pro Vorstellung, obgleich die Nutzung der Tiere zu kommerziellen Zwecken gesetzlich verboten ist.

2. In Nürnberg liegt die durchschnittliche Sterberate bei etwa einem Delfin pro Jahr. Seit 1971 starben hier mehr als 30 Delfine. In Duisburg gab es seit 1965 mindestens 60 Todesfälle.

3. Die Nürnberger Lagune ist viel zu klein! Die angeblich so große Lagune ist in sechs verschiedene Becken unterteilt. Die Delfine haben nicht zu allen Becken Zugang und die Tiefe liegt zwischen 0,5 und 7 Metern.

4. Das Verhalten der Delfine wird in Nürnberg durch Hormongaben gesteuert. Mit Psychopharmaka werden sie ruhiggestellt. Sie werden mit Diazepam (auch als Valium bekannt) behandelt.

5. An Kindergeburtstagen werden Kinder im Schlauchboot durch das Duisburger Delfinbecken gezogen. Dass das gefährlich für die Kinder sein kann, steht außer Frage. Es gibt zahlreiche Berichte  weltweit von Unfällen zwischen Show-Delfinen und Besuchern. Auch für die Delfine besteht immer die Gefahr z.B. an eingeschleppten Keimen zu erkranken oder an verschluckten Fremdkörpern zu ersticken.[18]

Delfinshow im Zoo Nürnberg

Delfintherapie

Seit einigen Jahren haben Delfine einen noch höheren Bekanntheits- und Beliebtheitsgrad erreicht. Man setzt sie in der Alternativmedizin als Therapeuten ein. Insbesondere bei Kindern mit speziellen Bedürfnissen. Warum das so ist und wie das funktioniert, erklären wir in den folgenden Zeilen:

Delfine besitzen ein Ultra-Sonar System, das bis zu 130.000 Hertz in der Sekunde erreichen kann. Frequenzbereiche, die uns Menschen teilweise nur technisch zugänglich sind. Dieses Sonar der Delfine erzeugt dreidimensionale Bilder von ihrer Umgebung. Sie senden Schallwellen auf ihr Gegenüber oder auf Gegenstände aus und tasten somit ihre Umgebung ab. Die Stiftung Oceanis aus Mexico City erforscht seit vielen Jahren das Phänomen der positiven Wirkung vom Delfin auf den Menschen. Oceanis ist zu der These gelangt, dass das Sonarsystem des Delfins das zentrale Nervensystem und die Gehirnströme des Menschen stimulieren kann. Viele Forscher und Therapeuten berichten über eine enorme Sensibilität und einem intensiven Wahrnehmungsvermögen der Meeressäuger. Es wird behauptet, dass Delfine die äußere und innere Befindlichkeit ihres Gegenübers wahrnehmen können und sogar deren Herz- und Pulsfrequenz! Das würde auch erklären, warum Delfine immer wieder eine besonders auffällige Zuwendung zu schwangeren Frauen haben. Delfine erkennen anscheinend mit ihrem Sonar den Embryo im Bauch. Besonders geduldig und behutsam gehen sie mit Menschen um, die eine Behinderung haben oder gerade Kindern mit speziellen Bedürfnissen sind sie besonders zugetan. Anscheinend können Delfine mit ihren Schallwellen eine veränderte Zellstruktur erkennen. Trifft also das Echolot eines Delfins auf einen Menschen, dessen Körper anders »schwingt«, also mit leistungsmindernden Symptomen oder Befindlichkeitsstörungen, dann findet der Delfin das eventuell interessant und stellt seine »Untersuchungswellen« individuell darauf ein. Genau bei dem Empfangen dieser »Untersuchungswellen« geschieht etwas bei dem Menschen. Wissenschaftler behaupten, dass diese Schallwellen neuroelektrische und neurochemische Veränderungen im zentralen Nervensystem verursachen. Somit können z.B. Endorphine schneller transportiert werden. Studien des amerikanischen Psychologen und Vorreiter der Delfintherapie Dr. David Nathanson zeigen, dass eine deutliche und schnellere Verbesserung der kognitiven Fähig- und Fertigkeiten sowie das motorische Können speziell bei behinderten Kindern bewirkt wird. Der Einfluss der individuell angepassten Frequenzen des Delfinsonars, sowie die tatsächlichen Auswirkungen sind noch exakt zu verifizieren. Es gibt weltweite Feldversuche in diesem Bereich, jedoch noch keine stichhaltigen Beweise.

Einen wirklich gut recherchierten Artikel zur Delfintherapie hat der Meeresbiologe und Verhaltensforscher Dr. Karsten Brensing geschrieben.[19]

Es bleibt fraglich, was genau Delfintherapien tatsächlich bewirken. Eines jedoch ist klar, Delfine sind EISBRECHER. Eine Delfinbegegnung wirkt stressreduzierend, entspannend, vermittelt Lebensfreude, mildert Angstzustände und lässt uns Akzeptanz, Bedingungslosigkeit und tiefes Verständnis spüren. Das haben wir persönlich schon unzählige Male an uns selbst und an anderen Gästen auf Ausflugsbooten erlebt. Das Schöne an einer Delfinbegegnung ist die besonders NACHHALTIGE Wirkung, die somit als Ressource für positive persönliche Veränderungen dienen kann. Auch da kennen wir persönliche Delfingeschichten von Gästen an Bord, die im Nachhinein davon überzeugt sind, dass ihre Begegnung mit den Delfinen etwas Besonderes in ihrem Leben in Gang gesetzt hat ...

Dass Delfintherapien in großer Kritik stehen, ist unserer Ansicht nach unbedingt notwendig. Wir möchten an dieser Stelle betonen, dass wir keine Befürworter der Delfintherapie sind und dass jedwede Situation, in der Delfine in Gefangenschaft gehalten werden, untragbar ist! Eine harte, schonungslose Kritik gegenüber der Delfintherapie hat der Psychologe Erwin Breitenbach hervorgebracht, die folgenden Titel in einer TV-Dokumentation bei 3sat trug: »*Dr. Flipper versagt. Keine wissenschaftlichen Belege für Delfintherapie*«. Der Würzburger Psychologe stellt in der Dokumentation die Ergebnisse seiner Delfintherapie-Studie vor, die er im Tiergarten Nürnberg 2007 mit 118 behinderten Kindern durchgeführt hat. Von den Therapeuten wurden nach der Studie keinerlei Veränderungen bei den Kindern festgestellt.[20]

Aber wie bereits erwähnt, gibt es immer zwei Seiten. Und weil die Delfintherapie weltweit seit vielen Jahren praktiziert wird, möchten wir Teilnehmern bzw. Betroffenen die Chance geben, in diesem Buch von ihren persönlichen Erfahrungen dieser Therapieform zu berichten. Hierzu ein Interview, das Peter mit einer Mutter geführt hat, deren Tochter regelmäßiger Patient einer Delfintherapie auf einer karibischen Insel ist. Wir möchten uns herzlich bei Magdalena bedanken. Die Mutter der elfjährigen, mehrfach schwerbehinderten Sienna und der gesunden neunjährigen Madison berichtet sehr offen und ausführlich über die Delfintherapie im Curacao Dolphin Therapie Center. Das Interview wurde im November 2017 geführt.

Interview zur Delfintherapie

Hallo Annie, wie geht´s?

Die Geschichte von Sienna, die am 13.08.2005 gesund zur Welt kommt, ist keine leichte Kost. Bis sie sieben Monate alt war, konnte sich die Mutter über ein gesundes, ganz normal entwickelndes Baby freuen. Am 6.3.2006 jedoch wurde plötzlich alles anders. Sienna erbrach sich an diesem Tag fürchterlich in ihrem Bettchen und liegt noch am Abend des gleichen Tages auf einem OP-Tisch in der Kinderklinik. An diesem Tag beginnt der Leidensweg dieses kleinen Mädchens und ihrer Familie. Die Ärzte diagnostizieren einen Gehirntumor, so groß wie ein Tischtennisball, lokalisiert in der linken Gehirnhälfte. Im Nachhinein stellte man fest, dass Sienna während der Fahrt in die Klinik gleich fünf Hirnschläge erlitt. Der Tumor konnte nur in Etappen entfernt werden. Etwas mehr als die Hälfte noch am selben Abend, in einer mehr als vierstündigen Operation. Der Rest des Tumors wurde 14 Tage später entfernt. Sienna hatte alles verlernt, was sie bis dahin konnte, es war wie ein »Reset auf Werkseinstellung« (O-Ton der Mutter). Da Sienna ebenfalls Essen und Trinken verlernt hatte, musste sie die zwei kommenden Jahre über eine Magensonde versorgt werden. Außerdem wurde ihr ein Shunt (Gefäßzugang) gelegt, um das Hirnwasser in den Bauchraum abzuleiten, damit die Symptome der Erkrankung ein wenig gelindert wurden. Dieser Shunt machte Sienna allerdings so große Probleme, dass im folgenden Jahr 15 Hirnoperationen, neben der Chemotherapie, durchgeführt wurden. In dieser Zeit hat das kleine Mädchen nur noch geschrien und musste extrem hochdosierte Schmerzmittel einnehmen. Ab April 2007 stabilisierte sich der Zustand von Sienna langsam und die Familie stellte sich die Frage, wie man sie nun weiter fördern könnte. Sienna durchlief die unterschiedlichsten Therapien. Unter anderem die Galileotherapie[21] in Köln, unzählige logopädische Sitzungen bis hin zu einer Hippotherapie. Sie war praktisch Stammgast in den unterschiedlichsten Krankenhäusern und Therapiezentren Deutschlands. Ihre Beobachtungs- und Wahrnehmungsgabe wuchs. Sie verstand immer mehr Dinge und Zusammenhänge. Sienna konnte irgendwann alleine sitzen und auf ihre Art bedingt am täglichen Leben teilnehmen Es schien, als hätten die verschiedenen Therapien insgesamt zur Besserung von Siennas Zustand beigetragen. Die linke Gehirnhälfte allerdings blieb tot. Die Familie bleibt unermüdlich auf der Suche nach weiteren Möglichkeiten, Sienna maximal zu fördern und stößt bei ihren Recherchen und Gesprächen mit anderen Betroffenen auf die Delfintherapie. Und hier startet das Interview mit Magdalena, der Mutter von Sienna:

Peter: Sie haben sich dafür entschieden die Therapie in Curacao durchführen zu lassen. Warum gerade dort?

Magdalena: Das CDTC (Curacao Dolphin Therapie Center) liegt in einer ganz ruhigen und großen Anlage außerhalb von Willemstadt. Dort befindet sich auch das Sea Aquarium und die Dolphin Academy. Für die Öffentlichkeit ist die Anlage mit einer Eintrittskarte zugänglich, Therapiefamilien können das Sea Aquarium jederzeit besuchen. Für die Touristen ist das CDTC nicht zugänglich. Das Therapiezentrum hat einen sehr guten Ruf und kümmert sich hervorragend um die Therapiefamilien. Außerdem sind dort ganzjährig konstante Temperaturen und die Insel bleibt meistens vor Wirbelstürmen verschont.

Curacao Sea Aquarium

Peter: Was wissen sie über die eingesetzten Therapiedelfine im CDTC?

Magdalena: Bei den Therapiedelfinen handelt es sich ausschließlich um Große Tümmler, die mehrheitlich in der Anlage geboren wurden oder vom Institut für Meereswissenschaften in Roatan (Honduras), nach Curacao gebracht wurden. Die Tiere leben in einer großen Bucht mit geräumigen Lagunen mit kontinuierlich fließendem, frischem Meerwasser. Die Tümmler sind sehr liebenswürdig, neugierig, lernwillig und sind bereit mit Menschen zu kommunizieren. Das sind Merkmale, die sie zu perfekten Partnern in der Therapie machen. Die Delfine werden speziell für das CDTC Programm ausgesucht, trainiert und exklusiv für Therapien eingesetzt:

Sienna am Therapiebecken

Peter: Das heißt also, dass die Therapiedelfine nicht als Showdelfine in der Dolphin Academy eingesetzt werden.

Magdalena: Nein, die vier Therapiedelfine werden ausschließlich zur Therapie eingesetzt. Die maximale Einsatzzeit sind vier Stunden pro Tag. Die Sessions finden immer um 8 Uhr / 10:30 Uhr / 13 Uhr und 15:30 Uhr statt. Wenn bei einem Tier gesundheitliche Bedenken auftreten, fallen die Therapiestunden aus.

Peter: Wie teuer ist so eine Therapie und wie kann das finanziert werden?

Magdalena: Wir waren erstmals 2013 auf Curacao und hatten großartige finanzielle Unterstützung. Unsere Heimatgemeinde organisierte eine Benefizspendenaktion, die uns diese Reise überhaupt erst ermöglicht hat. Krankenkassen oder andere Institutionen unterstützen so eine Therapie nicht. Noch nicht einmal die normalen Therapiesätze, die bei jeder anderen, herkömmlichen Therapie anfallen, werden von den Kassen bezahlt. Von großem Vorteil war auch, dass die Fluggesellschaft Air Berlin einen Großteil der Flugkosten für das Therapiekind übernommen hat. Die Gesamtkosten für die erste Reise lagen bei etwa 14.000 Euro, wobei die Therapie selbst etwa 7.500 Euro kostete.

Peter: Können Sie uns kurz beschreiben, wie so eine Delfintherapie abläuft?

Magdalena: Die Reisedauer beträgt insgesamt drei Wochen, eine Woche zur Akklimatisierung und zwei Wochen zur Therapie. Wir haben in einem Hotel, dicht am Therapiezentrum gewohnt. Das Hotel ist behindertengerecht eingerichtet und es wohnen etwa 80 Prozent Therapiegäste in dem Hotel.

 Ab der zweiten Woche hatte Sienna täglich von Montag bis Freitag zwei Stunden Therapie. In der ersten Stunde war sie jeweils mit ihrer festen Therapeutin und einem zweiten Therapeuten in einem Therapieraum. Alle Therapeuten sprechen fließend Deutsch und sind hochqualifiziert in ihren Fachgebieten. Sie sind in delfinunterstützter Therapie zertifiziert. Hier wurde intensiv auf die individuellen Bedürfnisse der Kinder eingegangen.

Sienna mit ihren Therapeuten im Therapieraum

Zur zweiten Therapiestunde wurden Sienna zwei Neoprenanzüge angezogen (sie friert immer sehr schnell) und dann ging es zum eigenen Dock, wo ein Delfintrainer mit dem Therapiedelfin Chabelita wartete.

Die delfinunterstützte Therapie/Wassertherapie wurde vom Haupttherapeuten zusammen mit Sienna durchgeführt. Parallel dazu gibt es auch ein Ge-

Sienna mit ihrer Delfintherapeutin

schwisterprogramm. Dort können die gesunden Geschwister schnorcheln, basteln, malen u.v.m. Siennas Schwester Madison durfte 1x pro Woche mit zum Dock, wo sie den Delfintrainer unterstütze und in der Fischküche half. Immer samstags wurde das sogenannte Familienschwimmen angeboten. Hier hatten die Familienmitglieder, allerdings ohne das behinderte Kind, die Möglichkeit, mit dem Therapiedelfin für eine halbe Stunde zu schwimmen. Für Eltern betroffener Kinder werden Schulungen, Workshops und Vorträge angeboten.

Siennas Schwester Madison beim Geschwisterprogramm

Peter: Gab es sichtbare Erfolge bei Sienna zu beobachten?

Magdalena: Oh ja, sehr viele....Die intensive Begegnung mit den Tieren macht Sienna überglücklich und die Bereitschaft zu lernen nimmt immens und deutlich sichtbar zu. Vor der ersten Delfintherapie konnte Sienna circa zehn Wörter sprechen und einige Buchstaben nennen. Wir, die Familie, konnten diese Äußerungen deuten und waren dadurch in der Lage mit ihr zu kommunizieren. Inzwischen spricht sie ganze Sätze mit vier bis fünf Wörtern. Das, was Logopäden von 2007 bis 2013 in Deutschland nicht hinbekommen haben, erlernte Sienna in Curacao in wenigen Tagen! Inzwischen hat sie eine sehr gute Auffassungsgabe, beobachtet und kommentiert alles und spricht praktisch auch alles nach. Sie kann Lieder von ihren CDs nachsingen und von ihren Hörspielen spricht sie einiges nach.

An einem Therapietag konnte ihr Therapiedelfin Chabelita nicht eingesetzt werden und ein ihr völlig fremder Delfin namens Annie übernahm ihre Rolle. Als der Delfin auf Sienna zu schwamm, sagte sie plötzlich: »*Hallo Annie, wie geht´s?*«

Auch ihre Motorik hat sich enorm verbessert, die starke Verkrampfung der rechten Körperseite hat sich immer mehr gelöst. Das Beste ist jedoch, dass alles, was in Curacao gelernt wurde auch erhalten blieb. Nach der Delfintherapie ging es natürlich mit anderen Therapien weiter. Musiktherapie, Schwimmtherapie, Hippotherapie und eine behindertengerechte Internatsschule können auf dem Gelernten aus der Delfintherapie aufbauen.

Peter: Wie ging es nach dem Besuch in Curacao 2013 mit der Delfintherapie weiter?

Sienna mit ihrem Therapiedelfin

Magdalena: Die enormen Erfolge der ersten Therapie und Siennas Sehnsucht nach den Delfinen ließen uns bereits neun Monate später wieder nach Curacao reisen. Teilweise finanziert durch Restgelder der Benefizveranstaltung und Straßenfesteinnahmen der Jungen Union. Inzwischen waren wir nochmal 2015 und 2017 dort und haben keine einzige Reise bereut. Sienna macht mit der Zeit immer größere Fortschritte.

Nachtrag von Peter zu diesem Interview:

Obwohl Sandra und ich grundsätzlich gegen alle Delfine in Gefangenschaft sind, scheint mir nach dem Interview mit Magdalena hier vielleicht die einzig akzeptable, wenn auch fragwürdige Möglichkeit zu bestehen, Delfine in Gefangenschaft als Therapeuten in Fällen wie diesem einzusetzen. Für Sienna und ihre Familie hat sich auf alle Fälle eine neue Welt eröffnet. Auch haben sich in Kombination mit anderen Therapien nachweislich große Erfolge eingestellt.

Anscheinend bemüht man sich in Curacao sehr darum, die Therapietiere möglichst artgerecht zu halten. Dies trifft sicherlich nicht auf alle Delfintherapiezentren zu. Dies habe ich selbst in anderen Delfintherapiezentren erlebt, wo es doch ausschließlich um das Schwimmen und Tauchen mit Delfinen ging. Immerhin kann man damit sehr viel Geld verdienen.

Aus aktuellem Anlass möchte ich hier noch auf ein Gerichtsurteil hinweisen, in dem es um die Finanzierung von Delfintherapien geht:

»Ein Gerichtsurteil vom 12.07.2017 des Landessozialgerichts Hamburg besagt, dass eine Kostenübernahme für eine Delfintherapie nur dann bezuschusst werden kann, wenn diese nachweislich zu Entwicklungsfortschritten führt, die ohne Delfine nicht zu erzielen sind. Dieser Nachweis fehlt. Außerdem sei im Leistungskatalog gesetzlicher Krankenversicherungen die Delfintherapie nicht enthalten.«

In der Begründung wurden unter anderem folgende Aussagen des Delfintherapie-Zentrums Curacao aufgeführt:

»Fortschritte alleine durch die Delfintherapie sind nicht nachweisbar.« Wirkliche Fortschritte etwa bei der Sprache, Konzentration, Selbstbewusstsein und Aggressionen hätten hier aber auch die Therapeuten auf Curaçao nicht beschrieben. Insgesamt habe es über die Jahre Auf und Abs bei dem Kläger gegeben. Dabei sei völlig unklar, inwieweit Fortschritte auf die Delfintherapie oder die Förderung in der Tagesstätte zurückgehen, die an fünf Tagen in der Woche besucht wird. Auch die Therapeuten auf Curaçao hätten empfohlen, die erlernten Methoden und Maßnahmen außerhalb der Delfintherapie fortzuführen. Das deute darauf hin, dass auch sie eine Therapie ohne Delfine

für wirksam halten. »*Selbst wenn man eine Wirksamkeit der Delfintherapie hier im Einzelfall bejahe, sei sie daher jedenfalls nicht erforderlich*«, heißt es abschließend in dem jetzt schriftlich veröffentlichten Hamburger Urteil vom 12. Juni 2017.[22]

TIERGESTÜTZTE THERAPIEN FUNKTIONIEREN AUCH MIT HUND, KATZE UND CO

Tiere können erfolgreich bei der Behandlung von Patienten eingesetzt werden – dazu zählen nicht nur teure Delfintherapien. Auch Streicheleinheiten mit Tieren wie Hund, Katze und Kaninchen können kleine Wunder bei Erkrankten bewirken. Wie funktioniert die tiergestützte Therapie? Was sie erfolgreich macht, ist die emotionale Nähe und Wärme von Tier zu Mensch. Tiere schaffen es, zu motivieren und zu beruhigen: Tiere können Menschen sowohl zu Taten beflügeln, als auch dabei unterstützen, Stresshormone abzubauen. Zudem regeln Tiere den Alltag. Wer ein Tier hat, muss Verantwortung übernehmen. Es regelmäßig füttern, saubermachen, Zeit mit ihm verbringen – das strukturiert Alltagsabläufe und ist eine sinnstiftende Beschäftigung, die beispielsweise depressiven Menschen zu neuem Lebensmut verhelfen kann. Auch bei verhaltensgestörten Kindern ist der Effekt, den Tiere auswirken können, nennenswert: Durch den Kontakt mit Vierbeinern lernen sie, Kontaktängste abzubauen und stärken ihr Selbstbewusstsein. Behinderten Menschen helfen Hunde ihr Leben selbstständiger zu gestalten. Der Führhund beispielsweise hilft blinden Menschen souverän durch den Alltag. Bei Spastik, die durch Hirnschädigung hervorgerufen wurde, Multipler Sklerose und Krankheiten des zentralen Nervensystems schlagen Tiertherapien ebenfalls gut an. Hippotherapie nennt sich diese Form der tiergestützten Therapie, die mit Pferden praktiziert wird. Alleine durch das Sitzen auf Pferden werden Muskeln, Gelenke und Nerven aktiviert. Besonders bei Multipler-Sklerose-Patienten wird dies als alternative Krankengymnastik eingesetzt. Auch die emotionale Wirkung im Umgang mit Pferden auf das menschliche Seelenwohl ist nicht zu unterschätzen.[23]

Delfine in Hotelpools

Als letztes Kapitel zu Delfinen in Gefangenschaft sprechen die Bilder im Prinzip für sich alleine…

Dies ist wohl die dekadenteste Form, Meeressäuger für den eigenen Nutzen, sprich für viel Geld, zu missbrauchen.

ZAHNLOSE DELFINE AUF BALI

Auf Bali kommt es immer wieder vor, dass Delfine in winzigen Hotelpools gefangen gehalten werden, damit sich Touristen im Pool mit ihnen fotografieren lassen können. Das geht sogar so weit, dass den Tieren alle Zähne gezogen werden, damit die Touristen bei den beliebten Kussbildern nicht verletzt werden können. Bilder aus dem Jahr 2015 zeigen zahnlose Delfine, die als Touristenattraktion missbraucht werden. Die Tierschutzanwältin Natascha Elisa hörte von den vier misshandelten Delfinen, die in einem 10 mal 20 Meter großen Pool in einem Hotel in der Nähe ihres Hauses am Keramas Beach auf der indonesischen Ferieninsel eingeschlossen waren. Als Elisa daraufhin die Delfine besuchte, war sie so entsetzt über das was sie sah, dass sie die verstörten Meeressäuger in ihrem unnatürlichen und grausamen Lebensraum heimlich filmte. Nach ihren Aussagen sah die Haut der Delfine stumpf aus, die Augen waren trüb und das Wasser, in dem sie sich befanden, war schmutzig. Außerdem bemerkte die Tierschutzanwältin, dass den Delfinen die Zähne entfernt wurden. Elisa berichtete weiter, dass die Delfine alle 45 Minuten eine Show für Touristen vorführen mussten. Damit jede Show auch wirklich gelingt, ließen die Betreiber die Tiere zwischen den Vorführungen hungern, damit sichergestellt ist, dass sie während der Shows auch das tun, wofür das Publikum bezahlt hatte. Und das funktioniert weltweit mit eingesperrten Delfinen fast ausschließlich über den toten Fisch, mit dem man sie während den Shows füttert. Für Touristenattraktionen dieser abscheulichen Art bezahlen Besucher weltweit viel Geld, um eine »aufregende« Delfin-Erfahrung zu machen. Die Menschen in der Hotelanlage auf Bali dürfen mit den Delfinen schwimmen, sie umarmen und küssen. Für dieses 45 minütige »Vergnügen« zahlen Erwachsene umgerechnet 110 US Dollar, Kinder 100 US Dollar.

350.000 Unterschriften wurden inzwischen für eine Petition aus dem Jahr 2015 gesammelt, um diese Tortur auf Bali endlich zu beenden. Der indonesische Minister für Umwelt und Forstwirtschaft, Siti Nurbaya Bakar, versicherte daraufhin lediglich, dass man diesen Fall untersuchen wird. Die traurige Bilanz jedoch ist, dass man noch heute dieses widerwärtige »Vergnügen« für viel Geld buchen kann.

Auf ein weiteres grausames Beispiel über die Haltung von Delfinen in Hotelpools hat die gemeinnützige Walschutzaktion ProWal im Oktober 2017 hingewiesen:

Zahnlose Delfine in einem Hotelpool auf Bali

In einem kleinen Hotel-Hallenbad in Armenien befinden sich seit September 2017 zwei Delfine, die dort für die Delfintherapie und für Schwimmprogramme kommerziell ausgebeutet werden. Die Delfine haben kaum Platz und sie müssen so schnell wie möglich aus diesem Hallenbad gebracht werden, bevor sie sterben. Das Paradise-Hotel in dem Kurort Dilijan gehört der Kette BEST WESTERN an, welches weltweit etwa 4.200 Hotels und Resorts betreibt.

PROWAL HAT FOLGENDES DARÜBER BERICHTET:

»Laut Aussagen des Delfintrainers sind die zwei Delfine fünf und sieben Jahre alt. Einer davon ist männlich, der andere weiblich. Es ist gar eine Schwangerschaft vorgesehen. Die Delfine kamen nach einem sechsstündigen Transport aus dem russischen Delfinarium in Sotschi und sind angeblich in Gefangenschaft geboren worden. Wie wir (ProWal) recherchiert haben, hat das Delfinarium in Sotschi 2012 drei wildgefangene Delfine aus Taiji über den ukrainischen Delfinarienbetreiber NEMO gekauft und ist damit direkt mitverantwortlich für die grausamen Delfintreibjagden in Japan. Das Delfinariumgebäude wurde speziell für die Delfine in diesem Best Western Hotel gebaut. Es besitzt nur ein Becken in der Größe von etwa 20 x 8 Meter. Etwa 70 % der Fläche weist gerade einmal eine Tiefe von etwa 1,30 Meter auf. Die Delfine können in diesem Bereich nicht tauchen!

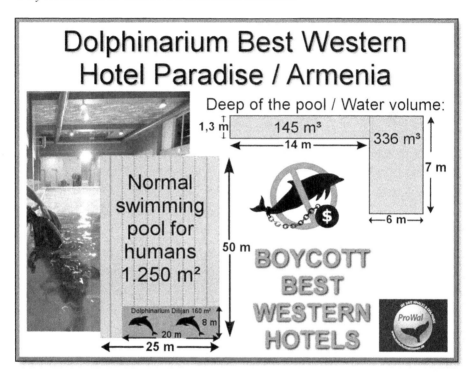

Etwa 30 % der Fläche weist eine Tiefe von sieben Metern auf, damit die Delfine die Besucher mit Sprüngen begrüßen können. Nach albernen und unnatürlichen Kunststücken mit Ringen und Bällen erhalten die Delfine Futterbelohnungen (nur Makrelen), was darauf hinweist, dass die Tiere ansonsten hungrig gehalten werden, damit sie den Anweisungen des Delfintrainers überhaupt folgen.

Das Wasser wird mit Salz und Chlor aufbereitet. Chlor kann die Haut und die Augen der Delfine extrem schädigen. Die Halle hat ein nicht zu öffnen-

des Dach. Die wenigen Fenster sind mit Jalousien verdunkelt und die Delfine sehen nie die Sonne. Über Lautsprecher ertönt Disco-Musik ...«[24]

SILVESTERPARTY IN ODESSA MIT DELFINEN

Einer der bekanntesten Delfinarienbetreiber weltweit ist die Nerum Ltd NEMO, mit Sitz in der südukrainischen Stadt Odessa. Die Ukraine ist die größte Drehscheibe für Im- und Exporte von Delfinen in Europa. ProWal und Tierschützer vor Ort haben mehrfach illegale Machenschaften aufdecken können. Zum einen geht es häufig um gefälschte Papiere, die die wahre Herkunft der Delfine verschleiern sollen und zum anderen geht es um Anlagen (Delfinarien), die illegal gebaut werden, ohne gültige Betriebsgenehmigung. Dass es im Allgemeinen im Delfinbusiness zuweilen wie bei der Mafia zugeht, ist in diesen Kreisen ein offenes Geheimnis. Dazu eine kleine Anekdote, die, wenn sie nicht so traurig wäre, eigentlich amüsant ist:

»Ein Finanzinvestor aus Suceava in Rumänien kontaktierte im vergangenen Herbst ProWal mit der Anfrage um Mithilfe bei dem Bau eines neuen privaten Pools, weil er offenbar fälschlicherweise bei einer Internetrecherche davon ausgegangen war, dass ProWal eine Pro-Delfinarien-Organisation sei. (Tja, das ging mal voll daneben ... Anmerkung Sandra und Peter) Nachdem die Delfine aus China, Russland oder der Ukraine importiert seien, sollte der private Pool als öffentliches Delfinarium und als gute Einnahmequelle dienen, so Popescu schriftlich. Das Besorgen der Importpapiere sei kein Problem, teilt der Investor mit. Da die genannten Länder keine Zuchterfolge vorweisen können, gehen WDSF und ProWal davon aus, dass sämtliche Delfine aus Japan über die Drittländer nach Rumänien eingeschleust werden sollen.[25]«

Trotz unzähliger Proteste und Petitionen, Enthüllungen und Aufklärungsarbeiten in der Öffentlichkeit geht das Geschäft mit den Delfinen weiter. Hier von dem weiter oben erwähnten Delfinarienbetreiber aus der Ukraine das aktuelle Neujahrsprogramm 2017/2018, das er in seinem Hotel-Resort Nemo in Odessa anbietet.

Wir haben Auszüge aus diesem Programm gewählt, in denen Delfine als Programmpunkt vorkommen. Wir haben Ihnen jeweils eine sinngemäße deutsche Übersetzung erstellt:

Einladung zur Silvesterfeier mit Delfinen

- For the first time in the world! Spend the most magic-filled night of the year with wonderful dolphins: celebrate the New Year at NEMO!
  Einmalig weltweit! Verbringen Sie die magischste Nacht des Jahres mit wundervollen Delfinen: Feiern Sie Silvester im NEMO!

- On 31 December, we invite you to celebrate the New Year at Resort & SPA Hotel NEMO in a company of amiable dolphins.
  Am 31. Dezember laden wir Sie in das Resort & SPA Hotel NEMO ein in Gesellschaft mit liebenswürdigen Delfinen.

New Year's party program: (Sylvester-Party Programm):

- 01:20 a.m. All guests are invited to take a picture with dolphins and receive a gift – a large (20×30 cm) framed New Year's photograph. You will definitely remember this festive night for your whole life!
  Alle Gäste sind eingeladen ein Foto mit Delfinen machen zu lassen und als Geschenk erhalten Sie eine gerahmte Silvester-Fotografie (20x30 cm). Sie werden diese Festnacht garantiert nie in Ihrem Leben vergessen!

- 00:30 a.m. An exclusive show with dolphins and fur seals in festive arrangement
  Nach Mitternacht eine exklusive Show mit Delfinen und Seelöwen / oder Seebären in festlichem Ambiente

- For that night, from 10:30 p.m. to 06:00 a.m., we offer a 50 % discount on a Swimming with Dolphins session for all guests of our hotel!
  Für diesen Event bieten wir an diesem Tag allen Hotelgästen einen Rabatt von 50 % für Delfinschwimmen an!

- Celebrate the New Year on the seashore at the best spa hotel in Ukraine, together with wonderful dolphins. You will remember this New Year's night forever!
  Verbringen Sie Silvester an der Küste im besten Spa Hotel der Ukraine, zusammen mit wundervollen Delfinen. Sie werden diese Nacht nie vergessen!

Price: **4000 UAH** per person. (Preis pro Person ca. 120 €) [25a]

Große Tümmler und ein Beluga in einem der Pools im Hotel *Nemo*

Trotz all dieser negativen Tatsachen und selbstsüchtigen Handlungen seitens der Menschen, begegnen uns Meeressäuger meist freundlich. Sogar wenn Sie eingesperrt sind!

Ihre natürliche Neugier bringt sie im offenen Meer (in IHREM Territorium) zu uns; voller Vertrauen nähern sie sich Booten, Tauchern und Schwimmern und machen so eine Begegnung der ganz besonderen Art möglich.

Das ist ein unbezahlbar wertvolles Geschenk der Cetaceen an uns. Zahlreiche Erlebnisberichte von Tauchern, Skippern, Surfern, Schwimmern, Bootsgästen und Beobachtern an Land bestätigen immer wieder diese eindrucksvollen und unvergesslichen Momente.

Warum also sollte man Meeressäugern woanders begegnen als nur und ausschließlich in Freiheit, nämlich in ihrem natürlichen Zuhause, dem Meer?

Sanftes Whale Watching

Die Beobachtung von Walen und Delfinen auf dem Meer wird als wichtiger Beitrag zum Umweltbewusstsein und zum Tierschutz angesehen. Die Begegnung mit Walen und Delfinen in ihrem natürlichen Lebensraum lässt kaum einen Menschen unberührt.

Es gibt strenge gesetzliche Richtlinien für Walbeobachtungen. So sollte der Mindestabstand 100 Meter betragen, es sei denn, die Tiere nähern sich von alleine. Es ist verboten, durch eine Delfinschule oder Walfamilie zu fahren und die Tiere unnötigem Stress auszusetzen. Doch es gibt auch Länder oder Regionen, wo die Boote mit aufgedrehter Partymusik und feiernden Gästen raus fahren, was für die Tiere eine enorme Belastung darstellt.

Die Lösung heißt Sanftes Whale Watching. Darunter versteht man nichts anderes, als die strikte Einhaltung der Regeln, was auch durch die Regierungen mit der Vergabe eines Gütesiegels gefördert wird. Dieses Siegel ist das Blue Boat.

Wenn man an einer Whale Watching Tour teilnehmen möchte, sollte man sich möglichst vorher beim jeweiligen Anbieter oder Reiseveranstalter über einige Punkte informieren:

- Wird man über die Tiere und deren Gewohnheiten informiert?
- Ist ein erfahrener Guide mit an Bord?
- Gibt es Absprachen der Betreiber über das Verhalten gegenüber den Meeressäugern?
- Versucht man mögliche Störungen der Tiere zu vermeiden?
- Gibt es eine Konkurrenz zwischen den Anbietern oder arbeitet man zusammen?
- Es sollte keine Sichtungsgarantie ausgesprochen werden.
- Die Tiere entscheiden, ob sie den Kontakt zum Boot suchen, nicht umgekehrt.

Vor La Gomera haben wir den Luxus, bis jetzt nur fünf Whale Watching Anbieter zu haben. Das ist durchaus eine überschaubare Angelegenheit. Diese fünf Anbieter garantieren Sanftes Whale Watching, was wir selbst nur bestätigen können, da wir auf allen Booten schon mehrfach mitgefahren sind.

Dagegen gibt es vor Teneriffa knapp 40 offizielle und ca. 40 illegale Anbieter. Viele garantieren bereits im Vorfeld eine Sichtung. Wenn Ihnen jemand eine 100 % Garantie auf eine Wal- oder Delfinsichtung auf dem offenen Meer gibt, dann ist da was faul! Entweder werden die Tiere von den Booten aus angefüttert, was unserer Meinung nach ein Verbrechen ist oder die Ausflugsboote fahren direkt zu Fischzuchtanlagen. Darüber hat bereits der Verein M.E.E.R. e.V. berichtet: *»Bei einer Inspektion der Fischzuchtanlagen vor Los Gigantes (Teneriffa) konnten wir Große Tümmler dabei beobachten, wie sie in der Nähe der Fischkäfige auf Nahrungssuche waren. Dies ist mittlerweile ein gewohnter Anblick. Erhebliche Mengen von Futtermitteln gelangen ins freie Wasser, Grund genug für Wildfische, sich um die Anlagen herum zu konzentrieren. Die Delfine nutzen diese Tatsache dazu, sich leicht zu erbeutende Nahrung zu verschaffen. Das ist sehr beunruhigend, da das natürliche Jagdverhalten verloren gehen kann, weil z.B. Jungtiere nur noch die erlernten einfachen Strategien verfolgen. Die Integrität der natürlichen Delfinpopulationen wird also massiv geschädigt.[26]«*

Auch aus Ägypten hört man häufig, dass die oben genannten Regeln nicht eingehalten werden. Dort sind kommerziell organisierte Ausflüge zu Delfingruppen im Roten Meer eine ernsthafte Bedrohung für die betroffenen Tiere. Die Situation ist durch den Massentourismus völlig aus dem Ruder gelaufen. Deutsche Reiseveranstalter verdienen beim Schwimmen mit Delfinen an der touristischen Tierquälerei kräftig mit, denn Bootsausflüge zu Indopazifischen Großen Tümmlern bei Hurghada oder den Spinnerdelfinen beim Sataya-Riff, bei denen fast immer auch die Möglichkeit besteht, mit den Meeressäugern zu schwimmen, gehören für viele Touristen zum Höhepunkt ihrer Ägyptenreise.

Ist eine Delfinschule gesichtet, versuchen die Skipper sich gegenseitig zu übertreffen mit Verfolgungsjagden und Einkreisen der Tiere. Dann stürzen sich die Touristen grölend und johlend ins Wasser, um endlich einmal mit Delfinen schwimmen zu können. Die hysterischen Zuneigungsbekundungen stoßen bei den Tieren jedoch auf nur wenig Gegenliebe. Meeressäuger in solchen Gebieten stehen derart unter Stress, dass sie mitunter ihren Nachwuchs vernachlässigen, kaum zur Ruhe kommen und zu wenig Zeit zur Futtersuche und sozialen Interaktionen haben. Sie müssen zu viel Energie aufbringen, den Booten ständig zu entkommen, sind zunehmend erschöpfter und stehen unter Dauerstress.[27]

Diese nur exemplarisch aufgeführten Negativbeispiele sollten für jeden Tierliebhaber Grund genug sein, ausschließlich an Touren teilzunehmen, die sanftes Whale Watching garantieren. In der Hoffnung, auch die letzten Besucher von Delfinarien davon zu überzeugen, dass die Beobachtung der Tiere nur in ihrem natürlichen Lebensumfeld geschehen sollte, haben wir hier einige Bilder zusammengestellt, die in den letzten Jahren ausnahmslos bei solchen Ausfahrten gemacht wurden. Die folgenden Aufnahmen stammen von Peter Frey.

Wale und Delfine vor La Gomera

Gemeine oder gewöhnliche Delfine direkt am Whale Watching Boot

Große Tümmler

Fleckendelfine; im Hintergrund der Teide auf Teneriffa

Ein junger, springender Fleckendelfin

Eine Gruppe Fleckendelfine

Indischer Grindwal oder Pilotal mit Baby

Indischer Grindwal oder Pilotwal

Brydewal vor dem Valle Gran Rey

Brydewal mit Tümmler zieht direkt am Boot vorbei

Die eher seltenen Rauhzahndelfine

Ein springender Rauhzahndelfin

Große Tümmler

Fliegende Tümmler

Tümmler mit Fischball   Foto: SSB

Großer Tümmler mit Pardela (Gelbschnabelsturmtaucher)

Springender Fleckendelfin

Los Organos

Brydewal an einem Fischerboot

Brydewal

F Pardelas (Gelbschnabelsturmtaucher) auf hoher See

Pardela (Gelbschnabelsturmtaucher) beim Start

Pardela (Gelbschnabelsturmtaucher) mit Fisch im Schnabel

Indische Grindwale oder Pilotwale

Springender Pilotwal

Indischer Grindwal mit Baby

Ganz besondere Spiegelungen 1

Ganz besondere Spiegelungen 1

102

Brydewal vor dem Valle Gran Rey

Mächtiger Blas eines Brydewals

Brydewalmutter mit Kalb

Springende Tümmler

Tümmler beim Liebesspiel

104

Oft klatschen die Meeressäuger mit ihrer Fluke auf das Wasser, wenn sie ihre Ruhe haben wollen.

Stark bemooste Meeresschildkröte

Gemeine oder gewöhnliche Delfine

Springender Rauhzahndelfin

Springende Fleckendelfine

Auftauchender Fleckendelfin

Fleckendelfin mit unechter Karettschildkröte und Fisch

Indischer Grindwal oder Pilotwal

Auftauchender Tümmler

Spielende junge Fleckendelfine

Flugakrobaten ...

110

Pilot- oder Grindwal

Grindwalfluke

Unechte Karettschildkröte

Rochen im Hafen von Vueltas

Pulpo an der Hafenmauer von Vueltas

Krebse im Hafen von Vueltas

113

Portugiesische Galeere am Strand von La Gomera   Foto: Annette Fischer

Fischadler mit Fliegendem Fisch   Foto: Thomas Fischer

Springender Tümmler

La Gomera – La Isla Bonita

Interview mit Fabian Ritter von M.E.E.R. e.V.

Fabian Ritter wurde 1967 in Hannover geboren und wuchs in Süddeutschland auf. Nach dem Studium der Biologie an der Universität Bremen zog er 1996 nach Berlin, wo der Vater zweier Söhne auch heute lebt. Seine Faszination für Wale und Delfine machte er mit dem Studium zum Beruf. Nachdem er an mehreren europäischen Delfinforschungsprojekten teilnahm, war er 1998 Mitgründer des Vereins MEER, bei dem er bis heute als Vorsitzender und wissenschaftlicher Leiter tätig ist. Mit dem preisgekrönten Projekt MEER La Gomera auf den Kanarischen Inseln machte sich der Verein international einen Ruf, da es als hervorragendes best practice-Beispiel für die nachhaltige Gestaltung des Walbeobachtungstourismus angesehen wird. Ritter ist seit vielen Jahren Mitglied im Wissenschaftsausschuss bei der Internationalen Walfangkommission (IWC) und gilt nicht nur dort als Experte für Whale Watching sowie für Wale und Delfine und deren Schutz. Ein weiteres seiner Spezialgebiete ist das Fotografieren von Walen, Delfinen und anderen Meerestieren. Mit M.E.E.R. e.V. setzt er sich national und international seit mehr als 15 Jahren unermüdlich für den Schutz des Meeres und seiner Bewohner ein. Neben der Veröffentlichung zahlreicher wissenschaftlicher Artikel ist Ritter Autor von drei Büchern. Er arbeitet freiberuflich u.a. als wissenschaftlicher Berater, außerdem leitet er seit vielen Jahren erfolgreich verhaltensbiologische Praktikumskurse auf La Gomera, gibt regelmäßig Vorträge und begleitet Expeditions-kreuzfahrten weltweit. Bei seinen Reisen besucht er neben den tropi-schen und subtropischen Gefilden auch immer wieder die Arktis und Antarktis.

Sandra:

Wie ist es dazu gekommen, dass du dich so intensiv für Wale und Delfine engagierst?

Fabian:

Der Ursprung waren Träume von Delfinen, die ich in meiner Jugend hatte. Diese Träume hatten eine besondere Qualität und Intensität. Woher dieser Impuls kam, weiß ich nicht, denn ich bin als Kind oder Jugendlicher nie einem Delfin begegnet. Diese besonderen Träume haben jedoch dazu geführt, dass ich mich intensiver mit diesen Tieren beschäftigt habe. Nach Abitur und Zivildienst habe ich mich für das Studienfach Biologie entschieden. Während dem Studium an der Bremer Universität kam jedoch immer mehr Frust auf. Mir war klar, wenn ich keinen spannenderen Ansatz finde, dieses trockene Studi-um zu beenden, schmeiß' ich hin. Und dann fielen mir die Delfine aus meiner Jugend wieder ein! Und so hatte ich endlich ein Thema gefunden, auf das ich mich im Studium spezialisieren konnte. Da-raufhin habe ich zahlreiche Konferenzen zu dem Thema Meeressäu-ger besucht und mehrere Praktika bei unterschiedlichen Forscher-gruppen in Europa absolviert.

Sandra:

Deine Arbeit bei M.E.E.R. e.V. und dein Einsatz bei WDC (Whale & Dolphin Conservation) und der IWC (Internationale Walfangkom-mission) sind sehr umfangreich. Du hast viele Jahre Erfahrung im Bereich Wal- u. Delfinschutz. Welche Entwicklungen kannst du be-obachten, im Hinblick auf die Anteilnahme der Öffentlichkeit für dieses Thema?

Fabian:

Wir versuchen sowohl von M.E.E.R. e.V. als auch über WDC und die IWC Informationen zum Wal- u. Delfinschutz und allem, was damit zu tun hat, breit zu streuen, um so viele Menschen als möglich zu erreichen. Ich glaube, dass die Menschen heutzutage viel mehr über Wale und Delfine wissen, als es jemals der Fall war. Die Möglichkeiten, heutzutage Wissen anzusammeln, und die Art und Weise, wie Wissen aufbereitet wird, sind unendlich groß. Allerdings steht diesen Möglichkeiten, an so viel Wissen wie möglich zu gelangen, ein Aspekt gegenüber, der es wiederum auch schwer macht, Menschen wirklich zu erreichen. Es ist die gewaltige Flut, mit der Informationen (vor allem auch durch die neuen Medien) auf uns einströmen. Wir alle kennen Fotos von Delfin- oder Walmassakern, und es kann sein, dass diese Fotos auch zu einer Art Abstumpfung führen. Denn die Gesamtsituation der Umwelt unseres Planeten ist mitunter so besorgniserregend, dass vielleicht vieles, was uns über soziale Netzwerke oder Nachrichtendienste erreicht, ausgeblendet wird. Um wirklich eine Handlungsveränderung zu initiieren, die der Umwelt zugutekommt, braucht es mehr, als die gängige Aufmerksamkeitsspanne z.B. beim News Feed in Facebook, die liegt nämlich bei gerade mal 2,5 Sekunden via Desktop und mobil bei 1,5 Sekunden.[28]

Gerade junge Menschen scrollen doppelt so schnell als ältere Menschen durch ihre News Feeds, da wird es schwierig, wirksam eine Botschaft zu platzieren, die dem Schutz von Walen und Delfinen gilt. Ich denke, es bedarf neuer Konzepte, um Umweltgedanken wirklich so an die Menschen zu transportieren, dass sie berührt werden und durch diese Berührung eine Handlungsveränderung in Sachen Umwelt eintritt. Was ich beobachten kann, ist, dass Menschen häufig eine direkte Erfahrung brauchen, um aktiv einen Beitrag zu leisten. Das erlebe ich z.B. hier mit unseren Kursen auf La Gomera. Teilnehmer-Innen der Kurse, die sowohl Theorie als auch Praxiserfahrungen vor Ort machen (Whale Watching), fahren nicht nur mit eindrucksvollen

Wal- und Delfinbegegnungen nach Hause, sie nehmen auch eine Idee, einen Impuls mit. Viele der Kursteilnehmer sind aktive Mitglieder bei M.E.E.R. e.V. geworden. Andere haben ihrem Leben nach dem Aufenthalt auf der Insel eine neue Richtung gegeben. Im Prinzip ist das für mich die aktivste Art, Meeresschutz zu betreiben. Und wenn man es so will, helfen die Delfine sich dabei selbst, einfach weil sie so sind, wie sie sind und diese besonderen Begegnungen da draußen auf dem Atlantik erst möglich machen!

Sandra:
Ein besonderes Augenmerk deiner Arbeit liegt im Bereich Wal-Schiffskollisionen. Dazu hat die IWC eine Arbeitsgruppe, die Ship Strike Working Group ins Leben gerufen. Die Ship Strike Working Group erarbeitet und evaluiert Maßnahmen zur Verringerung bzw. Vermeidung von Wal-Schiffskollisionen. Du bist Mitglied dieser Arbeitsgruppe und betreust darüber hinaus die IWC Datenbank zur Erfassung von solchen Kollisionen. Weltweit kommt es zu zahlreichen tödlichen Unfällen zwischen Meeressäugern und Schiffen (insbesondere Schnellfähren). Wenn Meeressäuger so intelligent sind, warum halten sie sich ausgerechnet in so hochfrequentierten Meeresstraßen wie z.B. in der von Gibraltar auf?

Fabian:
Vielleicht sollte die Frage eher lauten: Warum sind die Meeressäuger an solchen Orten so resilient bzw. was können sie alles erdulden? Denn um das vorweg zu nehmen; diese Lebensräume, auch die hochfrequentierten Meeresstraßen, sind deren angestammtes Habitat! Wir sprechen von Delfin-»Völkern«, die über viele Generationen diese Meeresstraßen als ihr Zuhause auserkoren und sich aus guten Gründen dort angesiedelt haben. Und das wissen wir auch aus unserer eigenen Geschichte, dass man seine angestammte Heimat, seinen Lebensraum nicht einfach so verlässt. Es gibt zahlreiche Faktoren, die Populationen dazu bewegen würden, ihr Habitat nicht zu verlagern.

An einem anderen Platz z.B. gibt es möglicherweise andere Populationen, denen man in die Quere kommen würde. Das Nahrungsangebot ist eventuell ein anderes, und seinen ureigenen Lebensraum kennt man in- und auswendig. Im Großen und Ganzen kann man sagen, dass Meeressäuger ähnlich wie wir Menschen sehr anpassungsfähig sind und mit den Veränderungen in ihrem Lebensraum umgehen können, aber sie lassen sich nicht so ohne weiteres vertreiben...

Sandra:
Kommen wir zu unser beider Lieblingsinsel La Gomera, Fabian. Warum trifft man ausgerechnet vor La Gomera so viele verschiedene Arten von Meeressäugern an? Und auch hier ist die Problematik der Wal-Schiffskollisionen hoch!

Fabian:
Die Kanaren sowie auch andere Archipele (Azoren, Madeira, Hawaii u.v.m.) sind grundsätzlich wichtige Lebensräume für Meeressäuger. Zum einen scheint es etwas mit der Präsenz der jeweiligen Insel zu tun haben, denn zum Beispiel finden die Tiere an solchen Plätzen ruhige Gewässer in deren Windschatten vor - ausgelöst durch den Nordost-Passatwind, der für die Kanaren so typisch ist. Das bringt Vorteile für die Aufzucht der Jungtiere. Ruhigeres Wasser wärmt sich außerdem schneller auf, dadurch kommt es zu lokalen Planktonblüten und insgesamt mehr Produktivität. Hinzu kommt, dass von der Insel selbst Nährstoffe auf verschiedenen natürlichen Wegen ins Meer gelangen, was wiederum die Nahrungskette in Gang bringt. Sowohl die Oberflächenströmungen bergen eine Menge an Fischarten aus dem Beutespektrum der Delfine, sowie die Bedingungen in der Tiefe, die für Pilot- oder Pottwale ausreichend Beute hervorbringen.

Sandra:

In den letzten Jahren sieht man immer öfter große Wale und andere Arten von Meeressäugern vor La Gomera, die man normalerweise nicht unbedingt erwarten würde. Liegt das am Klimawandel und daran, dass sich Meeresströmungen verändern bzw. die Eigenschaften des Wassers (Temperatur, Salz- und Sauerstoffgehalt)? Ich meine damit, ändern sich die Ozeanzirkulationen und damit die Wanderrouten bestimmter Meeressäuger?

Fabian:

Generell stimme ich dem zu und es gibt mittlerweile Studien, die genau das belegen. Es gibt Walarten, die immer weiter in den Norden wandern, weil das möglich geworden ist. Zum Beispiel die Orcas, die immer weiter in die Arktis vordringen und dort sogar eine neue Gefahr für die Grönlandwale darstellen. Um die Kanaren ist die Wassertemperatur im letzten Jahrzehnt um ca. 1 Grad Celsius gestiegen, was unter anderem dazu führt, dass sich das Artenspektrum verändert hat. Dass die Gewässer vor den Kanaren wärmer werden, zieht eventuell auch Großwale an, die eher wärmere Gewässer bevorzugen und diese auf den Kanaren mittlerweile vorfinden. Oder das Beispiel der Massenstrandung von Pottwalen 2016 an der Nordseeküste. Die Nordsee war verhältnismäßig warm und dadurch hat eine Strömung Kalmare mitgebracht, die in das Beutespektrum der Pottwale gehören. Die Tiere sind vermutlich der Beute gefolgt und dabei in für sie fremde (und ungeeignete) Gewässer geraten. Wobei zu betonen ist, dass es viele Theorien dazu gibt, und solche Strandungen sind nie monokausal, es kommen meist mehrere Faktoren zusammen. Ich möchte in diesem Zusammenhang auch etwas Positives erwähnen. Es gibt Populationen, deren Bestand wächst, z.B. die der Buckelwale. Vor Hawaii beispielsweise, wo Buckelwale ihre Jungen gebären, werden jährlich zur Winterzeit bis zu 11.000 Tiere gesichtet.[29] So könnte es also sein, dass sich die Population der Buckelwale im Atlantik ebenfalls erholt und sie deshalb vor La Gomera nun auch ab und an auftauchen.

Sandra:
Woher nimmst du all die Jahre deine anhaltende Zuversicht und Motivation für diese herausfordernde Arbeit?

Fabian:
Zuversicht, hm, da weiß ich manchmal nicht, ob ich tatsächlich so zuversichtlich bin. Ich versuche aber, mich überwiegend auf die Dinge zu konzentrieren, die Mut machen und nicht auf die, die runterziehen. Als Umweltschützer ist man leider ständig mit weniger Mut machenden Angelegenheiten beschäftigt. Wenn man bei dieser Arbeit nicht in der Lage ist, zu akzeptieren, dass die Welt so ist wie sie ist, kann man daran auch zugrunde gehen. Ich hatte in meiner bisherigen Laufbahn auch immer wieder tiefe Krisen. Mein anfänglicher Enthusiasmus, die Welt verändern zu wollen und einen großen Beitrag für die Umwelt zu leisten, entpuppte sich schnell als schiere Utopie. Meine langjährige Berufs- und Lebenserfahrung hat mich gelehrt, dass ein Wandel dieser Art und ein konsequentes Umdenken sehr viel mehr Zeit brauchen, als ich es mir früher erträumte. Den Durchblick zu erlangen, wie Gesellschaften funktionieren, und wie die Dinge auf politischer Ebene funktionieren, hat lange gedauert. Nach knapp 25 Jahren Erfahrung als Umweltschützer habe ich mir eine gewisse Gelassenheit und ein dickes Fell zugelegt. Wobei das dicke Fell nicht dazu dient, nichts mehr an mich heran zu lassen, sondern die Dinge so sein zu lassen und nicht in Frustration und Gram zu versinken. Was natürlich motiviert, sind die Rückblicke. Auch wenn es oft nur kleine Schritte sind, haben wir eine Menge erreicht. Das macht Mut. Meine direkte Motivation schöpfe ich zum großen Teil aus meiner Arbeit hier auf Gomera. Auf und im Meer zu sein, macht mich glücklich. Und die Gruppen, die ich hier leite, geben mir enorm viel. Wenn junge Menschen zwei Wochen einen Kurs bei mir machen

und ich Zeuge von Entwicklungen bin, wie Menschen zum Teil frustriert und erschöpft aus ihrem Alltag hier ankommen und nach 14 Tagen erfüllt und glücklich abreisen; mit einer großen Portion Begeisterung für Gomera, die Natur und den Bewohnern der Meere hier vor den Kanaren - kann ich mir keinen besseren Motor für meine Arbeit vorstellen.

Sandra:

Was kann deiner Meinung nach jeder Mensch tun, um die Meeressäuger der Weltmeere zu schützen?

Fabian:

Selbst aktiv werden in einer Umweltorganisation wie z.B. bei M.E.E.R. e.V., WDC oder Greenpeace, ist eine Möglichkeit. Man kann auch eine symbolische Patenschaft übernehmen oder Geld spenden. Auch Veranstaltungen organisieren, um Gelder zu sammeln und diese dann spenden, ist eine Möglichkeit. Ansonsten geht es bei jedem von uns darum, bewusster mit seinem eigenen Konsumverhalten umzugehen – und es ggf. zu ändern. Was esse ich? Welche Verkehrsmittel nutze ich? Wie viel Plastik brauche ich? Wie gehe ich mit Wasser um? Wo kaufe ich meine Kleidung? Wo kaufe ich meine Lebensmittel? Welche Reinigungsmittel benutze ich? Entscheide ich mich für Einmalprodukte oder Qualitätsartikel, die lange halten? Niemand muss von heute auf morgen sein Leben komplett umkrempeln. Aber auch kleine Schritte bringen uns näher ans Ziel. Mein ultimativer Ökotipp bleibt aber, den Fleischkonsum runterzuschrauben. Wasserverbrauch, Energieverbrauch, Landverbrauch, Regenwaldabholzung, Klimawandel, die ethische Frage - all das ist aufs engste mit der Massenproduktion und unserem ungezügelten Fleischkonsum verbunden. Und auch hier geht es nicht darum, von jetzt auf gleich zum Vegetarier zu werden, sondern eventuell an zwei bis drei Tagen in der Woche auf Fleisch zu verzichten. Wir alle wissen, steter Tropfen höhlt den Stein. Und da können wir gemeinsam viel erreichen.

Sandra:
Was wünschst du dir ganz persönlich für die Wale und Delfine dieser Welt?

Fabian:
Es gibt sehr viele Dinge, die ich mir für Wale und Delfine wünsche. Bei WDC haben wir eine Vision, dass jeder Wal und jeder Delfin in Freiheit und Unversehrtheit leben kann. Der Journalist Hermann Sülberg hat einmal geschrieben, die Meeressäuger sind *»die Krone der Schöpfung im Meer«*. Wir Menschen sind im Vergleich mit dem evolutionären Alter der Delfine und Wale sozusagen Neuankömmlinge auf dem Planeten Erde. Und als Neuankömmling rumpelt man nicht einfach über sein neues Zuhause und macht sich alles untertan. Meeressäuger sind hoch soziale, intelligente, fühlende Wesen, die in komplex organisierten Gemeinschaften leben. Manche davon sind den unsrigen verblüffend ähnlich. Einzelne Individuen zeigen Persönlichkeit, bis hin zu Ich-Bewusstsein. Wenn wir das anerkennen, dann müssen wir ihren Eigenwert bzw. ihre Würde wertschätzen. Philosophisch betrachtet geht es nicht darum, Meeressäugern Rechte zu verleihen, denn die haben sie ja seit jeher - wir müssen ihre Rechte anerkennen!

Sandra:
Bei deinem Vortrag über die Intelligenz und Kultur von Meeressäugern hast du etwas sehr Treffendes gesagt: *»Wir sind alle Teil des Problems und das heißt gleichzeitig, dass wir alle auch Teil der Lösung sind.«* Das ist ein schöner Abschluss für dieses Interview. Vielen Dank, Fabian, dass Du Dir die Zeit genommen hast.

Kurioses aus der Delfinwelt

Delfine erkennen ihr Spiegelbild

Was vielfach vermutet, bislang wissenschaftlich aber nicht nachgewiesen war, ist jetzt geklärt: Delfine wissen, wer sie sind und können sich folglich auch in einem Spiegel selbst erkennen.

Dahinter verbirgt sich die Annahme, dass Selbst-Erkennen im sogenannten Spiegeltest ein erstes Anzeichen für ein höheres Bewusstsein ist. Bislang wurde dieses Ich-Bewusstsein nur Menschen und Menschenaffen wie Gorillas oder Schimpansen und seit November 2006 - was nicht weiter verwundert - auch Elefanten zugesprochen.

Anfang 2008 bestand dann auch erstmals ein Vogel den Spiegeltest: Die Elster Gerti an der Universität Bochum sowie später noch drei weitere von fünf Elstern (Universität Frankfurt). Damit hatten auch Rabenvögel, die gerne als Diebe und Räuber eingestuft werden, diese kognitive Schallmauer durchbrochen.

Die Meeresbiologin Diana Reiss und die Verhaltensforscherin Lori Marino von der Emory Universität in Atlanta unterzogen zwei Große Tümmler dem berühmten Spiegeltest im New Yorker Aquarium und brachten damit erstmals die Fähigkeit der Selbst-Erkenntnis bei Delfinen zum Vorschein. Die Wissenschaftler installierten im Tümmler-Becken Spiegel. Anschließend wurden die Tiere mit einer nicht giftigen Tinte am Körper markiert oder sie wurden - als Gegentest - nur am Körper berührt, so als ob eine Markierung angebracht worden sei.

Das Ergebnis: Die Tümmler schwammen jedes Mal direkt auf den Spiegel zu, um die Markierung genauer unter die Lupe zu nehmen. Dabei drehten und wanden sie sich, um die bemalte Stelle besser sehen zu können. Auf den Trick mit der Berührung fielen sie nicht herein, waren sie ungeschminkt, verbrachten sie bedeutend weniger Zeit vor dem Spiegel als wenn sie Tinten-Make-Up aufwiesen.

Auch zeigten sie sich relativ wenig interessiert an den Markierungen ihres jeweiligen Kollegen. Die Studie zeige, dass »ein gegenüber Menschen und Menschenaffen völlig unterschiedlich aufgebautes Gehirn zu Dingen in der Lage ist, die man bislang nur diesen zugeschrieben hat«, sagt die Evolutionsbiologin Irene Pepperberg von der University of Arizona.

Für alle, die sich intensiver mit den flinken Meeresjägern beschäftigen, sind diese Forschungsergebnisse allerdings keine Überraschung. »Für Tiere mit komplexen sozialen Beziehungen ist es überaus sinnvoll, über Selbsterkennung und Selbstbewusstsein zu verfügen, da sie ständig Entscheidungen über ihr soziales Umfeld treffen müssen«, meint Richard Conner von der University of Massachusetts in Dartmouth, der als Erster bei Delfinen so genannte Superallianzen von mehr als 14 Tieren dokumentierte. Immerhin, jetzt ist auch wissenschaftlich untermauert, dass Delfine uns Menschen ähnlicher sind, als viele bisher vermutet haben.[30]

Kiffende Delfine

Tiere dröhnen sich ganz gerne mal zu. Manche sind absolut trinkfest, andere werden bei exzessivem Alkoholkonsum träge und ab und an wird sich auch einfach mal ein Drogentrip gegönnt. Dazu gehören auch die »kiffenden Delfine«. Hierbei missbrauchen hauptsächlich Große Tümmler Kugelfische als Joint. Diese Fische enthalten eine hohe Konzentration des Nervengifts Tetrodotoxin, das bei Stress abgesondert wird. Delfine haben herausgefunden, dass wenn sie nur ganz zart an den Kugelfischen knabbern, die Abgabe des Nervengifts für sie berauschend wirkt. Forscher haben Große Tümmler dabei beobachtet, wie sie einen Kugelfisch wie einen Joint herumgehen ließen. Natürlich ist das eine riskante Sache, sie dürfen nämlich nicht zu viel nehmen. Nach einer Weile fallen die Tiere dann in eine Art Trance. Die Delfine lassen sich an der Oberfläche treiben. Dem Kugelfisch passiert dabei nichts, er wird nach dem Genuss des Giftes einfach wieder fallen gelassen.[31]

Ein Delfin wird pink, wenn er sauer ist!

Mutter Natur ist immer wieder für eine Überraschung gut. So schwimmen auf den Weltmeeren Delfine umher, die ihre Farbe ändern, wenn es emotional wird. Ist das Säugetier sauer oder traurig, so verfärbt es sich pink. Dafür gibt es sogar eine logische Erklärung. Dies gilt allerdings nur für Albinodelfine. Normalerweise ist die Delfinrasse Tümmler von einer grauen Hautfarbe gezeichnet. Doch diese Exemplare sind schneeweiß - ein Albino also. Allerdings verschwindet das Weiß und ein zartes Rosa kommt zum Vorschein, wenn die Tiere wütend oder traurig sind oder wenn ihnen etwas peinlich ist. Wie die britische Daily Mail berichtet, gibt es für die Farbänderung sogar eine einfache, wissenschaftliche Erklärung. Das Phänomen resultiert aus der äußerst dünnen Haut der Tiere. Wenn sich also der emotionale Zustand ändert, beginnt das Blut zu zirkulieren und eine Änderung der Hautfarbe tritt ein. Einfach gesagt: Der Delfin wird ebenso rot vor Wut wie wir Menschen. Nur dass er lediglich ein zartes Rosa erreicht.

Eine ungewöhnliche Freundschaft

Tory ist ein ruhiges 100-Seelen-Dorf in Irland, allerdings gibt es dort eine Besonderheit, eine äußerst bemerkenswerte Freundschaft zwischen einem Hund und einem Delfin. Jeden Morgen schwimmen sie zusammen!

Der Hund des örtlichen Hotelbesitzers Pat Doohan hatte sich irgendwie mit dem freundlichen Delfin angefreundet und konnte mehrmals am Tag beobachtet werden, wie er mit dem Delfin im Hafenbecken schwamm und herumtollte. Bis zu drei Stunden soll Ben es im Hafenbecken ausgehalten haben, wird von seinem Herrchen berichtet.

Das ist an sich schon sehr ungewöhnlich, aber hier passiert das wirklich jeden Tag! Täglich läuft Ben zum Hafen und steigt dort ins Wasser. Dort wartet schon sein Freund, der Delfin Duggie. Täglich sieht man die beiden beim Spielen und Schwimmen im Wasser. Das ist einfach völlig unglaublich. So etwas hat die Welt noch nicht gesehen!

Wie die Lage derzeit in Tory ist, weiß man leider nicht. Es wird berichtet, dass Duggie schon seit langem nicht mehr gesichtet wurde, er hätte sich vermutlich schließlich doch einer Delfinschule angeschlossen. Die letzte belegte Sichtung, die wir recherchieren konnten, stammt aus dem Spätsommer 2010.[32]

Delfin bittet Tauchergruppe um Hilfe

Vor der Küste von Hawaii spielte sich etwas Unglaubliches ab: Ein Delfin, um dessen Brustflosse sich eine Angelschnur gewickelt hat, stupste einen vorbeikommenden Taucher an, der zu einer Forschergruppe gehörte, um ihm zu signalisieren, dass er in Not geraten sei und Hilfe bräuchte. Aufgezeichnet hat das Schauspiel Martina Wing mit ihrer Unterwasserkamera, die zusammen mit ihren Kollegen auf der Suche nach Mantarochen war.

Im Frühstücksfernsehen der BBC bezeichnete sie das Erlebte als atemberaubend. Innerhalb von etwa sieben Minuten befreite der Taucher die Brustflosse des Delfins von der Angelschnur. Selbst als dieser sein Messer zücken musste, um die Schnur durchzuschneiden, blieb der Delfin unbeeindruckt und verhielt sich ganz ruhig, weil er spürte, dass ihm keine Gefahr drohte. Nach der Befreiungsaktion schwamm er ganz ruhig und ohne in Panik geraten zu sein, davon. Schon immer weiß man um die besondere Beziehung zwischen Mensch und Delfin. Immer wieder hört man von Delfinen, die Menschen gerettet haben. Dieses Mal war es umgekehrt, ein Delfin wurde von einem Menschen aus einer lebensbedrohlichen Situation befreit. Im Video ruft die Leiterin der Organisation Ocean Wings Hawaii, Martina Wing, dazu auf, bessere Entscheidungen für die Ozeane und seine Bewohner zu treffen. Das besondere Erlebnis wollen die Taucher jedoch nicht als Mahnung an andere verstehen. Sie wollen nicht belehren, sondern diese außergewöhnlichen Bilder für sich sprechen lassen.[33]

Filmtipps

Bei diesen Filmempfehlungen haben wir bewusst auf Hollywood-klassiker wie Flipper, Free Willy, Mein Freund der Delfin oder Daffy und der Wal verzichtet. Unsere Empfehlungen beschäftigen sich ausschließlich mit dem Thema Schutz und Aufklärung von Meeressäugern.

1. THE COVE / DIE BUCHT

Der Oscar-prämierte Dokumentarfilm aus dem Jahr 2009 von Regisseur Louie Psihoyos mit dem Tierschutzaktivisten Richard O'Barry.

Die Filmemacher dokumentieren, wie im japanischen Küstenort Taiji regelmäßig rund 2.000 Delfine, hauptsächlich Große Tümmler, in eine nicht einsehbare Bucht getrieben werden, die von der Außenwelt durch Zäune, Stacheldraht und Sicherheitspersonal abgeschottet ist.

Die schönsten Tiere werden separiert und anschließend an Delfinarien in aller Welt verkauft. Taiji ist dabei der weltweit größte Verkäufer von Delfinen an Meeresparks und Delfinarien. Der Film macht dieses Geschehen erstmals einer breiten Öffentlichkeit zugänglich. Nach Angaben der Filmemacher werden insgesamt in Japan jedes Jahr rund 23.000 Delfine getötet. Bei der Oscarverleihung 2010 gewann der Film einen Oscar in der Kategorie Bester Dokumentarfilm.

2. BLACKFISH

Blackfish ist ein US-amerikanischer Dokumentarfilm von Gabriela Cowperthwaite. Der Film beschäftigt sich mit dem Schicksal Tilikums, ein seit 1983 in Gefangenschaft lebender Schwertwal, der am Tod dreier Personen beteiligt war. Der Film feierte am 19. Januar 2013 beim Sundance Film Festival seine Weltpremiere.

Der Dokumentarfilm thematisiert Tilikums Gefangennahme im Jahr 1983 vor der Küste Islands, die Auseinandersetzungen und Zwischenfälle mit anderen in Gefangenschaft lebenden Orcas im Sealand of the Pacific Park, Misshandlungen durch Trainer und weitere Vorfälle. Untermauert werden ihre Thesen von Wissenschaftlern und ehemaligen Trainern und Mitarbeitern von SeaWorld.

Tierschützer sehen einen Zusammenhang zwischen der Veröffentlichung von Blackfish und der Abnahme der Besucherzahl von SeaWorld in den USA zwischen Januar und März 2014 um 13 %.

3. WHALE WARS – KRIEG DEN WALFÄNGERN!

Whale Wars ist eine in den USA wöchentlich ausgestrahlte Sendung, die die Sea Shepherd Conservation Society um ihren Gründer Paul Watson beim Kampf gegen die japanische Walfangflotte zeigt. Die Aktionen und Kampagnen werden dramaturgisch aufbereitet dargestellt. Die Serie führte zu den höchsten Einschaltquoten in der Geschichte des Senders Animal Planet und wurde unter anderem mit einem Genesis Award ausgezeichnet. Quelle: Wikipedia

4. PIRATE FOR THE SEA - DIE GESCHICHTE VON PAUL WATSON

Erscheinungsdatum Januar 2017, produziert bereits 2008. In diesem Film erfährt man vieles über die Beweggründe von Paul Watson, dem Kopf von Sea Shepherd.

Im biografischen Film »Pirate for the Sea« begleiten wir Kapitän Paul Watson, das jüngste Gründungsmitglied von Greenpeace Kanada, der Greenpeace damals verlassen hatte, weil diese für ihn zu harmlos waren. Unzählige Kampagnen, die sich gegen das Töten von Walen, Seehunden und Delfinen richteten, wurden von ihm organisiert. Doch das war Paul Watson zu wenig, denn er will Ergebnisse, bevor es zu spät ist. Mit seiner daraufhin gegründeten eigenen Organisation, der Sea Shepherd Conservation Society, brachte er von da an Walfangschiffe zum kentern, behinderte konsequent den Robbenfang im Vereinigten Königreich, sowie die Delfinjagd in Japan und stoppte die Seehundjagd für zehn Jahre in Kanada, um nur einen Teil seiner Arbeit zu nennen. In dieser Dokumentation erhalten wir einen Einblick in den persönlichen und den ökologischen Werdegang, in die aktuellsten Entdeckungen und Aktionen dieses umstrittenen Umwelt-Aktivisten. Die Kameras sind live dabei und zeigen, wie der Mann, gegen den in verschiedenen Ländern Haftbefehle laufen, Walfänge stört und dabei beschossen wird. Paul Watson wird in dieser Dokumentation von einer Seite gezeigt, die man sonst auf diese Weise noch nie gesehen hat.

Vereine, Foren, Aktivisten

Es ist uns ein großes Anliegen, einige der zahlreichen Vereinigungen vorzustellen, die sich aktiv für den Schutz von Meeressäugern einsetzen.

Schon im Vorfeld wollen wir uns bei all denjenigen entschuldigen, die hier nicht namentlich erwähnt wurden. Natürlich findet auch die zumeist ehrenamtliche Arbeit dieser Institutionen unsere allerhöchste Anerkennung.

Hier eine kurze Beschreibung der Tätigkeitsfelder einiger Walschutzvereinigungen in alphabetischer Reihenfolge.

1. GRD (Gesellschaft zur Rettung der Delfine)

Die Gesellschaft zur Rettung der Delfine e. V. ist eine deutsche Naturschutzorganisation, die sich schwerpunktmäßig für den Schutz wild lebender Delfine und ihrer Lebensräume einsetzt. Die Nichtregierungsorganisation wurde 1991 von Rollo Gebhard gegründet. Anlass waren seine Beobachtungen und Erfahrungen auf seiner dritten Weltumsegelung. Die damals als gängige Fischfangmethode beim Thunfischfang eingesetzten Treibnetze wurden für zahlreiche Delfine, Wale, Meeresschildkröten, Robben, Nicht-Zierfischarten und Seevögel zur Todesfalle. Auf der dritten Weltumsegelung, die er gemeinsam mit seiner späteren Frau Angelika Zilcher von 1983 bis 1991 unternahm, war Rollo Gebhard zudem aufgefallen, dass sein Boot deutlich seltener von Delfinen begleitet wurde als noch bei seinen vorherigen Weltumsegelungen (1967–1970 und 1975–1979). Besonders erschüttert berich-

tete er bei seinen Filmvorführungen von den sogenannten Geister-
netzen – das sind Treibnetze, die von der Fischerei verloren bzw.
aufgegeben wurden und so herrenlos auf den Weltmeeren weiterfi-
schen.

Neben dem zunächst recht eng formulierten Ziel Rettung der Delfine
durch ein Verbot der Treibnetzfischerei hat es sich der Verein seit
einigen Jahren allgemein zur Aufgabe gemacht, gegen die ökologi-
sche Zerstörung der Weltmeere vorzugehen und sich für den Schutz
wild lebender Delfinpopulationen einzusetzen. Dabei liegt der
Schwerpunkt im Kampf gegen die industriellen Fang- und Tötungs-
methoden der Fischerei einerseits und der Unterstützung von weltweiten Delfinschutzprojekten andererseits. Seit 2005 betreibt der Verein auf der Karibikinsel Dominica auch ein Projekt zum Schutz der in
den Inselgewässern lebenden, residenten Pottwalfamilien.

Kontaktdaten:
Gesellschaft zur Rettung der Delphine e.V.
Kornwegerstr. 37 | 81375 München
Vertreten durch: den Vorstand
Tel.: 089 - 74 16 04 10 | Fax: 089 - 74 16 04 11
E-Mail: info@]delphinschutz.org
Web: www.delphinschutz.org

INTERNATIONAL
WHALING COMMISSION

1946 wurde das Internationale Übereinkommen zur Regulierung des Walfangs (ICRW) verabschiedet und damit die Internationale Walfangkommission (IWC) ins Leben gerufen, um die Walfangindustrie zu kontrollieren.

Obwohl schon in der Einleitung des Konventionstextes klar darauf hingewiesen wird, dass der Schutz von Walen vor der Ausbeutung durch die Walfänger dringend notwendig ist, ging es den meisten Unterzeichnerstaaten mehr um den Schutz der Industrie. Jahrzehnte der Ausbeutung führten dazu, dass Anfang der 1980er Jahre acht von zehn Bartenwalarten fast ausgerottet waren. Dank des Drucks der Öffentlichkeit und der Arbeit zahlreicher Nichtregierungsorganisationen war es in den vorangegangenen Jahrzehnten gelungen, einige Nationen zur Einstellung des Walfangs zu bewegen. Solche Staaten wie z. B. Australien, Brasilien, Großbritannien und die USA zählen heute zu jenen Ländern, die man als like-minded (sich für den Schutz von Walen einsetzend) bezeichnet. Der diesbezüglich größte Erfolg im Rahmen der IWC wurde 1982 beschlossen, als man erkannte, dass die Situation der weltweiten Walbestände keine weitere kommerzielle Bejagung zulässt und folglich 1986 ein weltweites kommerzielles Fangverbot – ein sogenanntes Moratorium – erlassen wurde. Japan, Norwegen, Peru und die damalige UdSSR meldeten einen Vorbehalt gegenüber dieser Entscheidung an und waren somit an den Beschluss nicht gebunden.

In der weiteren Entwicklung stellten aber auch diese Länder den kommerziellen Walfang ein, wobei Island, Korea, Norwegen und

Japan unter dem Deckmantel des »wissenschaftlichen Walfangs« weiter Wale jagten – Japan tut dies bis heute, Norwegen nahm mit Verweis auf den weiterhin bestehenden Vorbehalt 1993 den kommerziellen Walfang wieder auf. Island war im Jahr 2002 der Internationalen Walfangkommission (IWC) in einer umstrittenen Abstimmung mit einem Vorbehalt gegenüber dem kommerziellen Walfangverbot wieder beigetreten und reichte im März 2003 bei der IWC einen »Forschungsantrag« ein, der bis 2006 die Jagd auf 200 Finnwale (die zweitgrößten Tiere der Welt), 100 Seiwale und 200 Zwergwale vorsah. Im Jahr 2006 nahm Island den kommerziellen Walfang wieder auf.

Ein Erfolg war die Einrichtung von Walschutzgebieten in der Antarktis und dem Indischen Ozean. Trotz dieser Maßnahmen und zahlreicher anderer Initiativen, wie z. B. der Erforschung von Walen und deren Lebensraum, um anderen negativen Einflüssen entgegenwirken zu können, ist der Weg zum endgültigen Schutz von Walen und Delfinen noch ein weiter.

Was macht die IWC und wie arbeitet sie?

Die IWC ist das Entscheidungsgremium des Internationalen Übereinkommens zur Regelung des Walfangs. In ihr sind Regierungsvertreter der Mitgliedsstaaten vertreten, die ihre Entscheidungen in verschiedenen Ausschüssen und Sitzungen treffen. Das IWC Sekretariat unterstützt bei der Organisation der Diskussionen sowie bei der Entscheidungsfindung.

Die IWC sagt über sich selbst »*Die Hauptaufgabe der IWC ist es, die im Anhang des Internationalen Übereinkommens zur Regelung des Walfangs vorgesehenen Maßnahmen kontinuierlich zu überprüfen und erforderlichenfalls zu überarbeiten.*«

Die Kommission hat vier Hauptausschüsse: den Wissenschaftsausschuss, Technikausschuss, Finanz- und Verwaltungsausschuss sowie den erst 2004 gegründeten Naturschutz-Ausschuss.

Außerdem gibt es sogenannte Unterausschüsse, die Themen wie den indigenen Subsistenzwalfang oder Verstöße gegen Regularien behandeln sowie weitere Ad-hoc-Arbeitsgruppen, die sich mit einer Vielzahl an Fragen auseinandersetzen.

Wer ist Mitglied bei der IWC?

Die IWC hat im Moment 90 Mitgliedstaaten, eine vollständige Liste ist auf der Website der IWC abrufbar.

Die IWC erlaubt Beobachtern, den meisten ihrer Sitzungen beizuwohnen. Diese Beobachter können Länder sein, die nicht Mitglied bei der IWC sind, aber auch Presse und Nicht-Regierungsorganisationen wie die WDC.

Der Wissenschaftsausschuss besteht aus ungefähr 200 Walbiologen und Wissenschaftlern, von denen viele von den Regierungen der Mitgliedsstaaten nominiert werden. Walfang-befürwortende Länder neigen dazu, große Delegationen von Wissenschaftlern in den Ausschuss zu entsenden, die von der Regierung finanziert werden und ihre Position dort vertreten sollen. In den letzten Jahren lud der Wissenschaftsausschuss auch andere Wissenschaftler ein, um seine Expertise auf verschiedenen Gebieten auszubauen. Die Arbeit des Wissenschaftsausschuss ist stark an den Belangen der Kommission ausgerichtet. Die Pro-Walfangstaaten versuchen regelmäßig, die Arbeit des Wissenschaftsausschusses auf die Empfehlungen für Walfangquoten zu reduzieren. Am Walschutz interessierte Staaten bemühen sich hingegen sicherzustellen, dass der Ausschuss sich auch mit anderen Themen befasst, die eine wichtige Rolle für den Schutz und

Erhalt von Walen und Delfinen spielen. Während Island, Japan, Norwegen und ihre Alliierten beispielsweise behaupten, Kleinwale fielen nicht in den Kompetenzbereich der IWC, ist es dem Wissenschaftsausschuss gelungen, bemerkenswerte Arbeiten zum Thema Kleinwale voranzutreiben.

Kontaktdaten:
Media Resources
International Whaling Commission
135 Station Road,
Impington, Cambridge, CB24 9NP, UK.
E-mail: kate.wilson@iwc.int
Web:de.whales.org

3. M.E.E.R. e.V. (Mammals-Encounters-Education-Research)

»Wir haben das große Glück, in einem der wal- und delfinreichsten Gewässer dieser Erde arbeiten zu können.

Dieses Meeresgebiet bedarf dringend des Schutzes vor übermäßiger Nutzung bzw. Ausbeutung.«

Der Verein führt kontinuierlich Forschung im Rahmen von Walbeobachtungstourismus vor der kanarischen Insel La Gomera durch. M.E.E.R. e.V. erhebt wissenschaftliche Daten als Grundlage für Handlungsempfehlungen für Entscheidungsträger, die den Schutz der Meeressäuger vor La Gomera vorantreiben sollen. Außerdem klärt der Verein die Öffentlichkeit über Wale und Delfine und ihren Schutz auf.

Die zentralen Aufgaben:

- Erforschung der Delfine und Wale vor La Gomera sowie des Einflusses des Menschen.
- Erarbeitung von Schutzkonzepten als Handlungsgrundlage für Entscheidungsträger.
- Sensibilisierung der Öffentlichkeit für die Belange der Meeressäuger.
- Aufzeigen von Handlungsmöglichkeiten zur nachhaltigen Nutzung der Meere.

Kontaktdaten:
M.E.E.R. e.V. Berlin
Bundesallee 123
12161 Berlin
Telefon & Fax: 030 / 644 97 230
Email: info@m-e-e-r.de
Web: www.m-e-e-r.de

4. ProWal (Projekt Walschutzaktionen)

ProWal ging im Sommer 2009 aus der Privatinitiative Walschutzaktionen von Andreas Morlok hervor, welcher sich schon seit mehr als 15 Jahren aktiv für den Schutz der Delfine und Wale und dem Schutz deren Lebensräume einsetzt.

ProWal ist eine gemeinnützig anerkannte Unternehmergesellschaft/Körperschaft zum Schutz der Meeresumwelt und der Meeressäuger. ProWal hat seinen Sitz in Radolfzell am Bodensee.

»Wir setzen uns national und weltweit für den Schutz aller Wal- und Delfinarten und ihren natürlichen Lebensräumen ein. Wir intervenieren bei Behörden, Institutionen, Politikern, Parteien, Botschaften und Regierungen und führen friedliche und gewaltfreie Aktionen durch.«

Andreas Morlok, Geschäftsführer von ProWal, führt immer wieder spektakuläre und umweltfreundliche Aktionen durch, um über die Medien eine breite Öffentlichkeit zu erreichen.

- Wir engagieren uns bei der Internationalen Walfang-Kommission (IWC) für die Umsetzung und für neue Regelungen zum Schutz der Meeressäugetiere.
- Wir kämpfen weltweit und sehr erfolgreich dafür, dass neue walfreundliche Länder in die IWC als stimmberechtigte Mitglieder eintreten, um dem Schutz der Wale mehr politisches Gewicht zu verleihen.

- Wir intervenieren bei der CITES (Washingtoner Artenschutzabkommen) in Genf und bei der UNEP (Umweltschutzprogramm der Vereinten Nationen) in New York, um Verbesserungen für den Schutz der Wale zu erreichen.
- Wir intervenieren bei den Botschaften und Regierungen der Walfangländer und setzen uns für einen Stopp ihrer Walfangprogramme ein.
- Wir intervenieren bei der Weltgesundheitsorganisation WHO, damit der menschliche Konsum von kontaminiertem Wal- und Delfinfleisch beendet wird.
- Wir setzen uns weltweit dafür ein, dass die Show-Delfinarien in den Zoos und Vergnügungsparks geschlossen werden. Mehrere Schließungen von Delfinarien in Deutschland, Schweiz, Italien, Türkei und in der Ukraine konnten erreicht werden.
- Wir binden die Jugend in unsere Aktionen mit ein.
- Wir fördern und werben für das Whale-Watching zur Sensibilisierung für die Meeressäugetiere und als Alternative zum Walfang in den Walfangländern.
- Wir führen legitime Aktionen durch, um die Gefangenschaft von Delfinen in Deutschland und auch im Ausland zu beenden.
- Wir setzen uns bei der EU-Kommission und bei den Regierungen der EU- und Nicht-EU-Ländern für ein Importverbot von Meeressäugetieren nach Europa ein, und verfolgen das Ziel alle Delfinarien mittelfristig zu schließen.

Kontaktdaten:
Projekt Walschutzaktionen (ProWal)
Meeressäuger-Umweltschutzgesellschaft
Gesellschafter-Geschäftsführer: Andreas Morlok
Haydnstraße 1
D-78315 Radolfzell
E-Mail: ProWal-Deutschland@t-online.de
Web: www.walschutzaktionen.de

5. Ric O'Barry's Dolphin Project

Ric O'Barry's Dolphin Project ist eine der bekanntesten gemeinnützigen Wohltätigkeitsorganisationen, die sich weltweit für das Wohlergehen und den Schutz von Delfinen einsetzt. Die Organisation wurde am 22. April 1970 von Richard O'Barry gegründet. Ziel ist es, die Öffentlichkeit über die Gefangenschaft von Meeressäugern aufzuklären und wenn möglich gefangene Delfine wieder freizulassen/auszuwildern.

Die Mission von Dolphin Project besteht darin, die Ausbeutung und das Schlachten von Delfinen zu beenden. Dolphin Project arbeitet nicht nur daran, dieses Abschlachten zu stoppen, sondern forscht auch nach wirtschaftlichen Alternativen zur Delfinschlachtung.

Dolphin Project hat im Laufe der Jahre viele wichtige Siege für Delfine erreicht. So haben sie zum Beispiel in Taiji, Japan, in der Dokumentation »The Cove« (Die Bucht) von 2009 erfolgreich das grausame Delfinschlachten aufgezeigt.

Ric O'Barry arbeitet seit 47 Jahren im Delfinschutz und setzt sein Bestreben fort, dem Delfinleiden ein Ende zu setzen.

Dolphin Project ist die am längsten bestehende Delfinschutzorganisation der Welt.

Kontaktdaten:
Ric O'Barry's Dolphin Project
171 Pier Ave Box 234
Santa Monica, CA 90405, USA
Web: www.dolphinproject.com

6. SEA SHEPHERD CONSERVATION SOCIETY

Sea Shepherd wurde 1977 von Paul Watson gegründet, nachdem er die wenige Jahre zuvor gegründete Umweltschutzorganisation Greenpeace, zu deren ersten Mitgliedern er gehörte, im Streit verlassen hatte. Bei einem Protest gegen die Robbenjagd 1977 auf dem Eis vor Kanadas Küste hatte Watson die erbeuteten Felle und den Knüppel eines Robbenjägers ins Wasser geworfen. Es kam daraufhin innerhalb der Organisation zum Streit um den Einsatz von Gewalt, in dessen Folge Watson Greenpeace verließ.

Die Sea Shepherd Society entstand, wie auch andere Gruppen, in der Reagan-Ära. Die Gruppen grenzten sich mit radikaleren Ansätzen gegen etablierte US-Umweltschutzorganisationen ab.

Die Organisation unternimmt direkte Aktionen zum Schutz der maritimen Fauna. Sie schützen Haie ebenso wie Robben, Delfine und Wale. Zu ihren Aktionen gehören sowohl konventionelle Proteste, als auch das vorsätzliche Versenken von unrechtmäßig fischenden Fischerbooten und Fabrikschiffen.

1978 erwarb die Gesellschaft ihr erstes eigenes Schiff, einen Atlantiktrawler, der nach einem Umbau auf den Namen Sea Shepherd getauft wurde. Die Organisation hat nach eigenen Angaben seit 1979 zehn Walfangschiffe versenkt. Nach einer Mitteilung der Organisation habe es aber deswegen keine einzige Verurteilung von Sea Shepherd gegeben, da es sich in allen Fällen um illegal operierende Gesetzlose gehandelt habe.

Sea Shepherd nimmt zum Teil illegale Treibnetze an sich und vernichtet diese. Gegen die japanische Hochseefischerei und den japanischen Walfang führt die Organisation eine intensive Medienkampagne.

Im Februar 2007 sorgte eine Aktion für Aufsehen, bei der Sea-Shepherd-Aktivisten sechs Ein-Liter-Flaschen mit Buttersäure auf das Deck des japanischen Walfängers Nisshin Maru warfen.

Am 7. März 2008 wurde Paul Watson laut eigenen Angaben während eines Zwischenfalls mit der japanischen Küstenwache von einem Projektil auf die Brust getroffen. Die Kugel sei von seiner Kevlar-Weste und einem am Pullover angesteckten Abzeichen aufgehalten worden. Nachdem 2012 ein Gerichtsurteil Sea Shepherds Vorgehensweise als Piraterie eingestuft hatte, übernahm Bob Brown die Führung der Einsätze des australischen Sektors der Organisation von Watson. Im Jahr 2013 übernahm Alex Cornelissen die Position des internationalen Vorstandsvorsitzenden von Sea Shepherd Global.

Die Besatzung der Flotte besteht hauptsächlich aus Freiwilligen, die auf eigene Kosten mitfahren.

Sea Shepherd führt in internationalen Gewässern Aktionen gegen Walfänger, Robbenjäger und japanische Delfinfänger durch und beruft sich dabei unter anderem auf die United Nations World Charter for Nature. Nach eigener Auffassung übernimmt sie dabei die Strafverfolgung auf hoher See, die von den eigentlich zuständigen Regierungen nicht wahrgenommen werde.

Kontaktdaten:
Sea Shepherd Conservation Society
General inquiries: info@seashepherd.org
P.O. Box 8628, Alexandria, VA 22306,
US Headquarters: Burbank, CA
Web: www.seashepherd.org

7. WDC (WHALE AND DOLPHIN CONSERVATION)

WDC (Whale and Dolphin Conservation) ist die weltweit führende gemeinnützige Organisation zum Schutz von Walen und Delfinen. Gegründet 1987 in England, sind sie mit Büros in England, Deutschland, den USA, sowie in Argentinien und Australien vertreten. Sie arbeiten global und national, unabhängig und wissenschaftlich und setzen sich mit Kampagnen, Forschungsarbeit, Feld- und Schutzprojekten sowie Bildungsarbeit für Wale und Delfine und den Schutz ihrer Lebensräume - der Meere und Flüsse - ein.

WDC geht auf den Einsatz und die Initiative des englischen Schülers Kieran Mulvaney in den 1980er Jahren zurück. Der damals 16jährige Kieran wollte Aufmerksamkeit auf die wachsenden Bedrohungen und die Notwendigkeit eines besseren Schutzes von Walen und Delfinen lenken. Die von ihm ausgesendeten Newsletter waren so erfolgreich, dass sich bald Mitstreiter fanden. Und so kam es 1987 zur Gründung von WDC (damals WDCS, Whale and Dolphin Conservation Society) in England mit nur einigen wenigen Mitarbeitern und Freiwilligen.

1989 hatte die Organisation ihre Aktivitäten ausgeweitet und die erste Untersuchung zur Tötung von Pilotwalen auf den Färöer-Inseln abgeschlossen und veröffentlicht. Die Aufmerksamkeit führte zu immer mehr Unterstützern und auch Spenden, und ermöglichte so weiteres Wachstum. Ehemals Freiwillige konnten angestellt werden.
In den frühen 1990er Jahren konnten neue Themen aufgegriffen werden; der Forschungsbereich wurde ausgebaut, um unter anderem auch bisher wenig erforschte Arten wie Flussdelfine besser schützen zu können und ein Netzwerk mit Wissenschaftlern aufzubauen, unter anderem aus Schwellen- und Entwicklungsländern, die vor ganz besonderen Herausforderungen standen.

WDC war eine der ersten Organisationen, die verantwortungsvolle Wal- und Delfinbeobachtung als echte wirtschaftliche Alternative zu Walfang förderte. WDC begann sich außerdem bei Konferenzen zu internationalen Abkommen wie der IWC (Internationale Walfangkommission) zu engagieren und Forderungen einzubringen. Dazu wurden verstärkt öffentlichkeitswirksame Kampagnen durchgeführt und die Zusammenarbeit mit gleichgesinnten Organisationen wurde ausgebaut.

1999 wurde WDC in Deutschland als gemeinnützige GmbH gegründet, 2003 folgte Australien und 2005 die USA. Ein weiteres Team begann bald danach seine Arbeit in Argentinien. In Schottland betreibt WDC ein Besucherzentrum (Scottish Dolphin Centre) an der Mündung des Flusses Spey am Moray Firth. Dort gibt es Ausstellungen, ein großes Angebot an Bildungsaktivitäten und vieles mehr. Jedes Jahr kommen tausende Besucher ins Scottish Dolphin Centre.

Im Jahr 2012 wurde aus WDCS dann WDC (Whale and Dolphin Conservation).

Einige der größten Erfolge von WDC:

- Die Zerschlagung von Walfleisch-Schmuggelringen in Russland und im Nordpazifik.
- Die Anerkennung von Walbeobachtung als nachhaltige wirtschaftliche Alternative zum Walfang durch die IWC.
- Die Beendigung der Orca-Lebendfänge in Island für die Delfinarienindustrie.
- Die Ausweisung von speziellen Schutzgebieten für Wale und Delfine in europäischen Gewässern (Special Areas of Conservation).
- Die Einführung neuer Gesetze zum Schutz von Walen und Delfinen in Peru.
- Das Thema Lärm wurde als eine wesentliche Gefahr für Wale und Delfine in den Fokus gerückt.

Die Vision

Eine Welt, in der alle Wale und Delfine in Freiheit und Sicherheit leben.

Die Ziele

- Walfang stoppen
- Delfinarien schließen
- Lebensräume sichern
- Beifang stoppen
- Rechte für Wale und Delfine

Die Werte:

Leidenschaft – »*Wale und Delfine sind uns wichtig und liegen uns am Herzen, genau wie unseren Unterstützern.*«
Integrität – »*Unsere Arbeit beruht auf wissenschaftlicher Forschung und Erkenntnissen. Wir sind die Experten, wenn es um Wale und Delfine geht - und um die Gefahren, denen sie ausgesetzt sind.*«
Mut – »*Wir fürchten uns nicht vor starken Gegnern wie großen Unternehmen, Industrieverbänden oder Regierungen.*«

Zusammenarbeit – WDC arbeitet nicht alleine. »*Wir sind so stark, wie unsere Unterstützer uns machen. Wir arbeiten eng mit anderen Organisationen, gleichgesinnten Gruppen und Regierungen zusammen, um Wale und Delfine wirklich schützen zu können.*«

Kontaktdaten:
WDC Deutschland
Implerstraße 55
81371 München Deutschland
E-Mail: kontakt@whales.org
Web:de.whales.org

8. WDSF (WAL- UND DELFINSCHUTZ-FORUM)

Das Wal- und Delfinschutz-Forum (WDSF) wurde im Jahr 2007 nach über 10-jährigem intensivem Engagement im Wal- und Delfinschutz von Jürgen Ortmüller mit Unterstützung des Ex-TV-Flipper-Trainers und langjährigen Delfinschützers Richard O'Barry in Berlin gegründet. Richard O'Barry und Jürgen Ortmüller sind seit 1999 befreundet und haben seit 2007 mehrfach zusammen Aktionen durchgeführt. Das ZDF berichtete unter dem Titel »Ein Leben für den Tierschutz« über die ehrenamtlichen Aktivitäten von Ortmüller. Das Handelsblatt bezeichnet ihn als einen der bekanntesten Tierschützer Deutschlands. Hauptberuflich ist der Wal- und Delfinschützer als selbstständiger Steuerberater (Steuerstrafverteidiger) tätig.

Im Jahr 2008 wurde das WDSF als gemeinnützige und steuerbefreite Körperschaft des privaten Rechts mit Sitz in Hagen/Westf. amtlich registriert. Das WDSF ist die erste eingetragene gemeinnützige Unternehmergesellschaft in Deutschland. Gesellschaftszweck ist der Tierschutz mit Schwerpunkt des weltweiten Wal- und Delfinschutzes.

Mit Paul Watson, Gründer der Organisation Sea Shepherd Conservation Society (SSCS) und Ex-Mitbegründer von Greenpeace, verbindet Jürgen Ortmüller anlässlich einer gemeinsamen Aktion auf den Färöer-Inseln im Jahr 2000 ebenfalls eine langjährige Freundschaft. Anlässlich der vorübergehenden Verhaftung von Paul Watson im Frühjahr 2012 setzte sich Ortmüller mit dem WDSF intensiv für seine Freilassung ein.

Das WDSF kooperiert international mit Wissenschaftlern, Politikern, anderen Organisationen, Wal- und Delfinschützern und Prominenten. Das WDSF ist keine Mitglieder/Spenden-Organisation und unabhängig von anderen Institutionen. Zahlreiche ehrenamtliche Helfer unterstützen die WDSF-Aktionen. Aufgrund des notariellen Gesellschaftsvertrages beziehen weder die WDSF-Geschäftsführung noch andere Personen Gehälter oder Zuwendungen. Das WDSF arbeitet ausschließlich mit ehrenamtlichen Helfern, Fachleuten, Wissenschaftlern und (Meeres-)Biologen zusammen.

Es hat u. a. zum Ziel, die in ihren Augen bedrohte Situation der Meeressäuger in der Öffentlichkeit aufzuzeigen und setzt sich für den Schutz aller Wal- und Delfinarten und ihrer natürlichen Lebensräume ein. Weiterhin protestiert man gegen Delfinarien. Das WDSF bezeichnet sich selbst als »*eine der weltweit aktivsten Organisation zum Schutz von Meeressäugetieren mit Vor-Ort-Protestaktionen und juristischen Interventionen gegen katastrophale Haltungen in Delfinarien und Tierquälerei.*« Das WDSF setzt sich für die Schließung aller Delfinarien in der Türkei und der letzten zwei deutschen Delfinarien in Duisburg und Nürnberg ein. Regelmäßig werden daher Kundgebungen vor Delfinarien organisiert.

Darüber hinaus setzt sich die Organisation für ein Verbot des Grindwalfangs auf den Färöer-Inseln sowie der jährlich stattfindenden Delfinjagden im japanischen Fischerort Taiji (Wakayama) ein. Auf den Färöer-Inseln demonstrierten im Jahr 2014 Tierschützer des WDSF zusammen mit ProWal gegen den alljährlichen Grindwalfang. Gemeinsam mit der Organisation ProWal fordert das Wal- und Delfinschutz-Forum von allen Delfinarienbetreibern in der EU DNA-Analysen, um auszuschließen, dass Delfine aus Taiji in Delfinarien der EU gehalten werden.

Bei Verletzungen von Rechtsgrundlagen interveniert das WDSF auch auf juristischer Ebene. So fordert das WDSF seit einer Visite im Jahre 2007 die Schließung der Orca- und Delfin-Shows im Loro Parque. Gegen den Besitzer des Loro Parque, Wolfgang Kiessling, stellte das WDSF nach einem tödlichen Unfall des spanischen Orca-Trainers Alexis Martinez mit einem Schwertwal (Orca) Strafanzeige wegen fahrlässiger Tötung. Außerdem unterhält die Organisation Beziehungen zu Regierungen bei den Tagungen der Internationalen Walfangkommission IWC.

Die Aufdeckung von Haltungsmängeln durch das WDSF im ehemaligen Delfinarium des Allwetterzoo-Münster führte zur Schließung im Jahr 2013, weil das Geld für ein komplett neues lichtdurchlässiges Dach nicht vorhanden war.

Protestiert wird ebenfalls gegen die u. a. bei autistischen Kindern eingesetzte Delfintherapie.

Mit den Reiseunternehmen FTI Group, TUI (Deutschland, Österreich und Schweiz), Schauinsland Reisen und Alltours hat das WDSF Vereinbarungen getroffen, dass weltweit keine Ausflüge mehr zu Delfin- und Orca-Shows angeboten und beworben werden.

Nach Kritik und Protesten des WDSF und Sea Shepherd an den jährlichen Anlandungen der Kreuzfahrtunternehmen AIDA-, TUI- und Hapag-Lloyd Cruises auf den Färöer-Inseln aufgrund von Risiken für die Gäste und aus Artenschutzgründen wegen der Grindwaljagd und Tötungen der Meeressäuger an den Stränden in der Nähe der Anlandungshäfen, stornierten AIDA und Hapag-Lloyd nach Verhandlungen mit dem WDSF ihre Anfahrten auf die Inselgruppe im Nordostatlantik. AIDA, Costa Crociere und Hapag-Lloyd stoppten nach jahrelangen WDSF-Protesten ab 2015 bzw. 2016 b.a.w. ihre Anlandungen auf den Färöer-Inseln; TransOcean verzichtet ab 2018 vollständig auf Färöer-Anlandungen.

Gegen TUI Cruises rief das WDSF zum Boykott auf, weil sich das Kreuzfahrtunternehmen nicht den gleichlautenden Beschlüssen von AIDA und Hapag-Lloyd anschließen wollte und Verhandlungen mit TUI Cruises negativ verliefen. Ab 2019 will TUI Cruises auf die Anfahrten der Färöer-Inseln verzichten.

Kontaktdaten:
Jürgen Ortmüller
Wal- und Delfinschutz-Forum (WDSF)
Möllerstr. 19, 58119 Hagen
E-Mail: wds-forum@t-online.de
Web: www.wdsf.de

An dieser Stelle wollen wir uns ausdrücklich bei Jürgen Ortmüller, Gesellschafter und Geschäftsführer des WDSF (Wal- und Delfinschutz - Forum) und Andreas Morlok Gesellschafter und Geschäftsführer von ProWal bedanken, die uns mit zahlreichen Ratschlägen, ihrem Wissen und Bildmaterial unterstützt haben.

Selbstverständlich bedanken wir uns auch bei allen anderen Organisationen, die ihre Webseiten mit reichhaltigem Fachwissen ausgestattet haben. Dort konnten wir uns bei unseren Recherchen immer wieder absichern, um die fachlichen Aussagen im Buch so stichhaltig wie möglich zu gestalten.

Foto: PF

FOR THE OCEANS!

Autorenkontakt:

Sandra Schuster-Böckler (SSB)
geboren 1971 in Groß-Gerau
www.herzen-sehen.com
Email: info@herzen-sehen.com

Peter Frey (PF)
geboren 1957 in Karlsruhe
Email: Delfinpeter@aol.com

Liebe Leser, wenn Ihnen dieses Buch
gefallen hat, freuen wir uns sehr über
Ihre Bewertung bei Amazon.

Quellenangaben

Sehr wahrscheinlich stützt sich jedes Wissen, über das man verfügt, auf fremdes Wissen.

Im Zeitalter des Internets wird es immer schwieriger, geistiges Eigentum zu schützen bzw. den tatsächlichen Ursprung einer »Mutter-Quelle« nachzuvollziehen. Unser persönliches Wissen über Wale und Delfine stammt aus langjähriger persönlicher Theorie- und Praxiserfahrung, aus zahlreichen Fachbüchern und Dokumentationen, aus persönlichen Gesprächen mit Wissenschaftlern und Menschen, die mit Walen und Delfinen arbeiten und natürlich aus der langjährigen Arbeit auf dem offenen Meer. Um für dieses Buch unser Wissen auf den aktuellen Stand hin zu überprüfen, haben wir gewisse Themenschwerpunkte im Internet recherchiert und einige wenige Informationen direkt daraus übernommen.

Als zuverlässige und kompetente Quellen bedanken wir uns bei allen Vereinen und Aktivisten, die wir in diesem Buch erwähnt haben. Einige kennen wir persönlich und sind dankbar für die großartige Arbeit, die sie leisten!

Textquellennachweis:

[1]www.cetabase.org/captive/cetacean/loro-parque

[2]http://de.whales.org/faqs/fakten-über-wale-und-delfine

[3]www.delphinschutz.org/delfine/delfin-systematik-und-neue-arten

[4]http://www.wilddolphinproject.org/about-us/mission-and-vision/

[5]www.animalequality.de/neuigkeiten/173/indien-f-llt-einzigartiges-urteil-f-r-delfine

[6]www.welt.de/reise/article129609243/Gefangenschaft-treibt-Delfine-in-den-Selbstmord.html

[7]www.cetabase.org/captive/cetacean/

USA & Kanada 40	Europa 33	Russland Osteuropa 52
Mexiko 33	Bahamas und Karibik 29	
Zentral- und Südamerika 7	Japan 59	
China & Hong Kong 46	Südostasien 30	
Afrika, Pakistan, Türkei 23	Australien, Südpazifik 4	

[8]http://www.wwf.de/themen-projekte/bedrohte-tier-und-pflanzenarten/wale-und-delfine/fragen-und-antworten/der-walfang-ist-verboten/
https://sea-shepherd.de/kampagnen
https://de.wikipedia.org/wiki/Walfang
http://www.greenpeace-aachen.de/archiv/meere/meere_walfang.php

[9]https://www.wdsf.eu/taiji-delfinmord

[10]https://www.wdsf.eu/taiji-delfinmord
https://de.wikipedia.org/wiki/Taiji_(Wakayama)
http://walschutzaktionen.de/4579.html

[11]http://de.whales.org/themen/die-jagd-auf-wale-und-delfine-auf-den-faroer-inseln

[12]https://www.wdsf.eu/aktionen/faeroeer-walfang

[13]http://www.walschutzaktionen.de/226301/3260052.html
http://www.heimabeiti.fo/default.asp?menu=400

[14]https://sea-shepherd.de/grindstop/
http://de.whales.org/news/2008/12/walfleischkonsum-auf-den-faroer-inseln
https://www.save-the-ocean.de/berichte/f%C3%A4r%C3%B6ern-inseln/
http://www.walschutzaktionen.de/226301/3260052.html

[15]http://www.cetabase.org/captive/cetacean/

[16]http://www.science-meets-Society.com/wissenschaftsnews/delphine-verwenden-werkzeug-schwamme-als-schnautzenschutz/

[17]http://de.whales.org/themen/das-schicksal-in-gefangenschaft-lebender-orcas

[18]http://www.peta.de/delfinariendeutschland#.WdeecnZpz4Z

[19]Brensing, K. (2008) Mythos Delfintherapie. (Schweizer Zeitschrift für Psychiatrie & Neurologie) P&N_Journal_4.08 pp. 44-48

[20]http://www.peta.de/delfinariendeutschland#.WdezOnZpz4Z

[21]https://www.galileo-training.com/de-deutsch/themen/therapie-praevention-mit-galileo/medizinische-fachbereiche/paediatrie.html

[22]www.juragentur.de (Az.: L 4 SO 35/15)

[23]http://rtlnext.rtl.de/cms/tiergestuetzte-therapie-diese-tiere-helfen-chronisch-erkrankten-menschen- 4126798.html

[24]https://www.facebook.com/prowal.tierschutz/photos/gm.1216664211810863/1613350808722564/?type=3&theater

[25]https://www.presseportal.de/pm/111206/2691120

[25a]http://en.nemo.ua/od/services/new-year-s-night-with-dolphins/

[26]http://m-e-e-r.de/delfine-erleben/la-gomera/fischzucht-auf-la-gomera/

[27]http://www.stiftung-meeresschutz.org/themen/tourismus-schifffahrt/aegypten-tourismus-vertreibt-delfine/

[28]http://www.futurebiz.de/artikel/aufmerksamkeitspanne-facebook-mobil/

[29]http://www.spiegel.de/wissenschaft/natur/buckelwal-bestaende-haben-sich-erholt-a-1111242.html

[30]https://www.delphinschutz.org/delfine/sozialverhalten/123-delfine-erkennen-ihr-spiegelbild

[31]Badische Neueste Nachrichten, Mario Ludwig

[32]Quelle: http://www.gaelnet.de/2011/08/18/duggie-und-ben-eine-ungewohnliche-freundschaft/

[33]Original-Video: https://www.youtube.com/watch?v=CCXx2...
http://www.gute-nachrichten.com.de/2013/01/erfolgsgeschichten/
delfin-bittet-tauchergruppe-um-hilfe/

S.56 https://www.dolphinproject.net/campaigns/save-japan-dolphins/
the-cove-weekly-updates

S.58 Rob Read, - photo by Sea Shepherd UK

S.59 Wikimedia, Erik Christensen, Killed pilot wales in hvalba, faroe
islands.JPG, CC BY-SA 3.0

S.60 ProWal, Andreas Morlok

S.61 Wikimedia, Erik Christensen, Grindadrap vagur, faroe is-
lands.jpg, CC BY-SA 3.0

S.62 Jörn Kriebel, Save the Oceans

S.65 Wikimedia, Jbasic , Orca-loropark9.9.08.jpg, CC BY-SA 3.0

S.66 - 67 WDSF, Jürgen Ortmüller / ProWal, Andreas Morlok

S.68 WDSF, Jürgen Ortmüller

S.73 Wikimedia, Bjørn Christian Tørrissen, Curacao-Sea-Aquarium-
2013.JPG, CC BY-SA 3.0

S.74 - 77 privat von Magdalena Schauer-Vidacic

S.81 Natascha Elisa via Instagram

S.82 - 83 ProWal, Andreas Morlok

S.85 Polina Makarowa <press@nemo.ua>
S.87 ProWal, Andreas Morlok

S.114 Thomas und Annette Fischer

S.125 - 130 Grafiken Florian Frey

S.143 Wikimedia, Donals Knapps, Ric O'Barry at the Cove in Taiji, Japan 2014.jpg, CC BY-SA 4.0

S.144 Wikimedia, 2013 Armada Rouen Sea Shepherd Conservation Society-2.JPG, CC BY-SA 3.0

S.149 WDSF, Jürgen Ortmüller